先秦诸子
七讲

梁启超
著

北京大学出版社
PEKING UNIVERSITY PRESS

图书在版编目 (CIP) 数据

先秦诸子七讲 / 梁启超著 . — 北京：北京大学出

版社，2023.11

ISBN 978-7-301-34421-7

Ⅰ . ①先… Ⅱ . ①梁… Ⅲ . ①先秦哲学－研究 Ⅳ .

① B220.5

中国国家版本馆 CIP 数据核字 (2023) 第 174763 号

书　　　名	先秦诸子七讲	
	XIANQINZHUZI QIJIANG	
著作责任者	梁启超　著	
责 任 编 辑	闵艳芸　李凯华	
标 准 书 号	ISBN 978-7-301-34421-7	
出 版 发 行	北京大学出版社	
地　　　址	北京市海淀区成府路 205 号　100871	
网　　　址	http://www.pup.cn　新浪微博：@ 北京大学出版社	
电 子 邮 箱	zpup@pup.cn	
电　　　话	邮购部 010-62752015　发行部 010-62750672　编辑部 010-6275282	
印 刷 者	北京楠萍印刷有限公司	
经 销 者	新华书店	
	880 毫米 ×1230 毫米　32 开本　9.75 印张　170 千字	
	2023 年 11 月第 1 版　2024 年 7 月第 2 次印刷	
定　　　价	58.00 元	

编者前言

作为中国近现代历史上如雷贯耳的人物，梁启超身上有太多的标签。

他曾是一名习八股的旧式读书人，一度成为被人嘲笑的"保皇派"；他又是一位变革者，戊戌变法的领袖之一，民国初年的司法总长，护国运动的组织和参与者；他还倡导过"小说界革命"，更亲自操刀写了科幻小说《新中国未来记》。

他是学贯中西的学术大家、"清华四导师"之一，蔡锷、陈独秀、胡适、徐志摩等后学、弟子、门生数不胜数；晚年多种疾病并发，但还是坚持讲演、著述。他说："战士死于沙场，学者死于讲台。"

他还是一位发明家、翻译者，"中华民族""新中国""国民""经济""金融""组织""干部""莎士比亚"等词汇，或是他引进、首倡，或是经他用过之后便发扬光大，流传开来。1902年10月，梁启超在《新民丛报》发表《进化论革命者颉德之学说》，文中说"麦喀士（马克思），日尔曼人，社会主义之泰斗也"，开中国人介绍马克思及其学说之先河。

这么多标签之中，"多变"似乎是其百科全书式人物形象的另一种诠释。政治主张由拥君，到君主立宪，再到虚君共和，再到共和，一变再变。学术上亦是"不惜以今日之我，难昔日之我"，对待国学西学也似乎前后说法不一，为人诟病。但其实，他二十多岁就在《变法通议》中指出："变者天下之公理也……大势相迫，非可阏制。变亦变，不变亦变。"梁启超的思想、身份的新旧转换，正是中国从近代向现代转型的大变革时代的一个缩影。梁启超本人，是研究中国百年现代化的不可多得的一个样本。

今年是梁启超诞辰150周年。斯人远去已近一个世纪，然其生前所面临的、提出的一些问题，仍值得今天的我们关注与探讨，其中最重要的问题就是：在外来文化的巨大冲击和压力之下，如何重新审视我们自身的文化传统并对之进行现代性的转化。

在二十世纪中国新文化运动的高峰期，梁启超站在"全盘西化"与"坚守传统"缠斗的风口浪尖，以中西文化交融的视角、世界主义的眼光与"新民"的宗旨，对中国的传统文化展开了系统梳理和深入研究。梁启超这样表述他学术研究的新思路："拿西洋的文明来扩充我的文明，又拿我的文明去补助西洋的文明，叫他化合起来成一种新文明。"

本系列名为"梁启超经典讲读系列"，顾名思义，是从梁启超论述、解读中国传统文化经典的相关著述和演讲中精选相关内容汇编而成，初辑三种，分别为《先秦诸子七讲》《儒家哲学七讲》《阳明心学七讲》。书中语言平白质朴，一代学术巨擘的思考见地，普通人亦可研读意会。

梁启超曾告诫学子说："青年诸君啊！须知学问的殖民地丰富得很，到处可以容你做哥伦布，只看你有无志气有无耐性罢了。"

愿与读者共勉。

2023年10月

目 录

contents

先秦政治思想

为何要研究先秦政治思想①

先秦政治思想有研究的价值吗？政治是现代的，是活的。研究政治的人，研究到二千年前书本上的死话，他们的社会组织和我们不同，他们所交接的环境和我们不同，他们所要解决的问题和我们不同。研究他们的思想有什么用处呢？不错，我且问，欧美的社会组织和我们同吗？所交接的环境和我们同吗？所要解决的问题和我们同吗？我们为什么要研究欧美政治思想，须知具体的政治条件，是受时间空间限制的。抽象的政治原则，是不受时间空间限制的。"政治学"是要发明政治原则，再从原则上演绎出条件来。那么，凡关于讲政治原则的学说，自然都是极好的研究资料，没有什么时代的区别和地方的区别。所以我觉得研究先秦政治思想和研究欧美政治思想，两样的地位和价值，都差不多。说是空话，都是空话，说有实用，都有实用。

---

① 本文节选自梁启超《先秦政治思想史》，常州新群书社印刷所1923年版。

政治是国民心理的写照，无论何种形式的政治，总是国民心理积极的或消极的表现。积极的表现，是国民心目中有了某种理想的政治，努力把它建设起来。消极的表现，是国民对于现行政治安习它默认它。凡一种政治所以能成立能存在，不是在甲状态之下，即是在乙状态之下。所以研究政治，最要紧的是研究国民心理，要改革政治，根本要改革国民心理。国民心理，固然是会长会变，但总是拿历史上遗传做根核。遗传的成分，种类很多，而以先代贤哲的学说为最有力。因为他们是国民心中的偶像，国民崇拜他们，他们说的话像一颗谷种那么小，一代一代的播殖在国民心中，会开枝发叶成一大树。所以学政治的人，对于本国过去的政治学说，丝毫不能放过。好的固然要发扬它，坏的也要察勘它，要看清楚国民心理的来龙去脉，才能对证下药。

"先秦"这个名词，指的是春秋战国时代。那时代是中国历史上变动最剧的时代，当时所谓诸夏，所谓夷狄，以同一速率的发展，惹起民族大混合。社会组织，从封建制度全盛以至崩坏，从贵族阶级成立以至消灭，经无数波澜起伏，中间还有好几个国，属于别系文化，把一种异样的社会组织掺进来。经济状况日日变动，人口比从前加增，交通比从前频繁，工商业渐渐发生，大都市渐渐成立，土地由公有变为私有，几个大国对立，一面努力保持均势，一面各求自己势力增长。政治上设施，常常取竞走态度，经唐虞三代以来一千多年文化的蓄积，根柢已很深厚，到这时候尽情发泄，加以传播思想的工具日益利便，国民交换智识的机会甚多，言论又极自由。合以上种种原因，所以当时思想界异常活泼，异常灿烂。不唯政治，各方面都是如此。我们的民族性，又是最重实际的，无论哪一派的思想家，都以济世安民为职志，差不多一切议论，都归宿到政治。所以当时的政治思想，真算得百花齐放，万壑争流。后来从秦汉到清末，二千年间，都不能出其范围。我们若研究过去的政治制度政治状态，自然时代越发近越发重要；若研究过去的政治思想，仅拿先秦做研究范围，也就够了。

先秦四大学派[1]

　　先秦学派最有力的有四家，一儒家，二道家，三墨家，四法家。先秦政治思想，有四大潮流，一无治主义，二人治主义，三礼治主义，四法治主义。把四潮流分配四家，系统如下：

法治主义　人治主义　礼治主义　无治主义

法家　墨家　儒家　道家

　　无治主义，等于无政府主义，是道家所独倡。有许行一派，后人别立一名叫做农家，其实不过道家支流。这种主义，结果等于根本取消政治，所以其余三家都反对他。但他的理想，却被后来法家采用一部分去。礼治主义，是儒家所独有，其余三家都排斥他，但儒家实是

──────────

① 本文节选自梁启超《先秦政治思想史》。

人治体治并重。他最高的理想，也倾向到无治，唯极端地排斥法治。人治主义，本来是最素朴平正的思想，所以儒墨两家都用他。墨家因为带宗教气味最深，所以他的人治也别有一种色彩。然而专讲人治到底不能成为一派壁垒，所以墨家的末流，也趋到法治。法治主义是最后起最进步的，因这个主义，才成了一个法家的学派名称。其实这一派的学说，也可以说是将道儒墨三家之说镕铸而成。

我们要研究四家的政治学说，墨家的书，只有一部《墨子》。道家的书，向来以《老子》《列子》《庄子》三部为中心。《列子》是伪书，应该剔去。① 《庄子》谈政治的地方甚少，可以不看，最主要的还是一部《老子》。儒家的书，以《论语》《孟子》《荀子》为中心。《礼记》里头，也有许多补助资料。法家的书以《尹文子》《韩非子》为中心，《管子》和《商君书》，虽然不是管仲和商鞅所作，却是法家重要典籍，应该拿来参考，我这回讲义的取材，就以这几部书为范围。

---

① 编者按：《汉书·艺文志》"道家"录"《列子》八篇"，今本《列子》八卷同《汉志》中《列子》关系如何学界争论极大。明清以来学者多认为今本《列子》为晋人张湛所伪，但严灵峰、岑仲勉、马达等人持不同意见并各有论证。现学界主流倾向认为今本《列子》应存有先秦文献内容，但在流传过程中多有文字内容添改，在一定程度上可以用于观察先秦列御寇派之观念面貌。

先秦四大学派的共通点①

在分讲这几个主义以前，先讲各家共通的几点，这几点或者就可以认为中国人政治思想的特色。

第一，中国人深信宇宙间有一定的自然法则，把这些法则适用到政治，便是最圆满的理想政治。这种思想，发源甚古，我们在《书经》《诗经》里头，可以发现许多痕迹。《书经》说：

> 天叙有典，敕我五典五惇哉。天秩有礼，自我五礼有庸哉。（《尚书·皋陶谟》）

> 天乃锡禹洪范九畴，彝伦攸叙。（《尚书·洪范》）

《诗经》说：

> 天生烝民，有物有则。民之秉彝，好是懿德。（《诗经·烝民》）

> 不识不知，顺帝之则。（《诗经·皇矣》）

所谓"天"，其实是自然界代名词。老子所谓"道

---

① 本文节选自梁启超《先秦政治思想史》。

法自然"，孔子所谓"天垂象，圣人则之"，墨子所谓"立天之以为仪法"，都是要把自然界的理应用到人事。这一点是各派所同认，唯实现这自然法则的手段，各家不同。主张无治主义的，以为只要放任人民做去，他会循自然法则而行，稍为干涉，便违反自然了。主张人治主义的，以为这抽象的自然法则，要有个具体的人去代表，得这个人做表率，自然法则便可以实现。主张礼治主义的，以为要把这自然法则演出条目来，靠社会的制裁力，令人遵守礼。主张法治主义的，以为社会的制裁力还不够，要把这些自然法则变为法律，用国家的制裁力实行。四派的分别在此。

我们试检查这种根本思想对不对，有无流弊。头一件先问自然法则到底有无？说有吧，用什么标准把它找出来，找出来后是否真对？这两个问题我们都有点难答复。我们的先辈，既已深信有自然法则，而且信那自然法则是普遍的、固定的，所以思想不知不觉就偏于保守，养成传统的权威。这是第一种流弊。认自然为至善的境界，主张人类要投合它效法它，容易把人的个性压倒。这是第二种流弊。好在客观的自然法则，总要经过人类主观的关门才表现出来。人类对于自然界的观念，常常会变迁会进步，他所认的自然法则，也跟着变迁进步。所以这种思想，若能善于应用，也不见得有多大毛病。

第二，君位神授，君权无限。那一类学说，在欧洲有一个时代很猖獗。我们的先哲，大抵都不承认它是合理。我们讲国家起源，颇有点和近世民约说相类。可惜只到霍布士①、洛克一流的见地，没有到卢骚②的见地。这也是时代使然，不足深怪。人类为什么要有国家呢？国家为什么要有政府呢？政府为什么要一个人当首长呢？对于这些问题，各家的意见都不甚相远。这种意见，像是在远古时代已经存在的。《论语》记尧舜传授的话，说：

> 允执其中，四海困穷，天禄永终。（《论语·尧曰》）

《左传》记师旷的话，说：

> 天生民而立之君，使司牧之……岂其使一人肆于民上。（《左传·襄十四年》）

这种学说，相传很久，后来各家论政治起源，大率根本此说，以为国家之建设，实起于群众意识的要求。例如儒家说：

> 水火有气而无生，草木有生而无知，禽兽有知而无义，人有气有生有知亦且有义，故最为天下贵也。力不若牛，走不若马，而牛马为用何也？曰：人能群彼不能群也。人何以能群？曰：分。……

---

① 即英国哲学家霍布斯。
② 即法国哲学家卢梭。

故人生不能无群，群而无分则争，争则乱，乱则离，离则弱，弱则不能胜物，君者善群也。（《荀子·王制》）

墨家说：

古者民始生未有刑政之时，盖其语人异义。是以一人则一义，二人则二义，十人则十义，其人兹（同滋，益也）众，其所谓义者亦兹众。是以人是其义以非人之义，故交相非也。是以内者父子兄弟作怨恶，离散不能相和合。天下之百姓，皆以水火毒药相亏害，至有余力不能以相劳，腐朽余财不以相分……明乎天下之所以乱者生于无政长。是故选天下之贤可者，立以为天子。（《墨子·尚同》）

法家说：

古者未有君臣上下之别，未有夫妇妃匹之合，兽处群居，以力相征。于是智者诈愚，强者凌弱，老幼孤弱，不得其所。故智者假众力以禁强虐而暴人止。……是故国之所以为国者，民体以为国，君之所以为君者，赏罚以为君。（《管子·君臣下》）

又说：

天地设而民生之，当此之时也，民知其母而不知其父，其道亲亲而爱私。亲亲则别，爱私则险民众，而以别险为务则民乱。当此之时，民务胜而力征，务胜则争，力征则讼，讼而无正则莫得其性也。故贤者立中，设无私，而民日仁。当此时也，亲亲废，上贤立矣。凡仁者以爱利为务，而贤者以相出为道，民众而无制，久而相出为道，则有乱。故圣人承之，作为土地货财男女之分。分定而无制，不可，故立禁。禁立而莫之司，不可，故立官。官设而莫之一，不可，故立君。既立其君，则上贤废而贵贵立矣。（《商君书·开塞》）

各家之说，皆为救济社会、维持安宁秩序起见，不得不建国，不得不立君。荀子所注重者，在人类征服自然。有感互助之必要，乃相结为群，而立君以为司之，故"君"实以"群"得名。墨子则以为欲齐一社会心理，形成社会意识，所以有立君的必要。管子所说，和诸家大致相同，他说"民体以为国"，对于"国家以民众意识为成立基础"的观念，指点得很明了。然则国家的首长——即君主，从那里发生出来呢？儒家根据"天生民而立之君"的旧说，说是由天所命，但天是个冥漠无朕的东西，此说未免太空泛了。墨家说"选天下之贤可者"，像是主张君位由选举产出，但选举机关在哪里？选举程序如何？墨家未尝明言。法家的《商君书》，把国家成立分为三阶段：第一段是血族社会，靠"亲亲"来结合；第二段是部落社会，靠"上贤"来结合；第三段才是国家社会，却靠"贵贵"来结合。他所说和事实很相近，我们拿欧洲历史——就中日耳曼民族历史，都可以证明。各家所说，虽小有异同，但有一共通精神，他们都认国家是由事实的要求才产生的。国家是在民众意识的基础之上才成立的。近代欧美人所信仰的三句政府原则——所谓of people（民有），for people（民享），by people（民治），他们确能见到。of，for，这两义，尤为看得真切。所以他们向来不承认国家为一个君主或某种阶级所有，向来不承认国家为一个君主或某种阶级的利益而存在。所以他们认革命为一种正当权利，《易经》说：

> 汤武革命，顺乎天而应乎人。（《象·革卦》）

孟子说：

> 残贼之人，谓之一夫，闻诛一夫纣矣，未闻弑君也。（《孟子·梁惠王章句下》）

这种道理，儒家阐发最透。各家精神，亦大略相同。所以中国阶级制度，消灭最早，除了一个皇帝以外，在法律之前万人平等。而皇帝也不是什么"神圣不可侵犯"的东西。经济组织，以全国人机会均等为原则，像欧洲那种大地主和农奴对峙的现象，中国简直没有。都是由这种学说生出来的影响。

第三，中国人对于国家性质和政治目的，虽看得不错，但怎么样才能贯彻这目的呢？可惜没有彻底的发明。申而言之，中国人很知民众政治之必要，但从没有想出个方法叫民众自身执行政治。所谓by people的原则，中国不唯事实上没有出现过，简直连学说上也没有发挥过。《书经》说：

> 天视自我民视，天听自我民听。（《尚书·泰誓》）

像这类的话，各家书中都有。但"民视民听"，怎么样才能表现呢？各家都说不出来，管子说：

> 以天下之目视，则无不见也。以天下之耳听，则无不闻也。以天下之心虑，则无不知也。（《管子·九守》）

又说：

> 夫民别而听之则愚，合而听之则圣，虽有汤武之德，复合于市人之言。是以明君顺人心，安情性，而发于众心之所聚。……先王善与民为一体，与民为一体，则是以国守国，以民守民也。（《管子·君臣上》）

这种话，原理是说得精透极了，但实行方法，仍不外劝那"治者"采取那"被治者"的舆论，治者和被治者，还是打成两橛。尹文子的见解，稍为进步些，他说：

> 为善使人不能得从，此独善也。为巧使人不能得从，此独巧也，未尽善巧之理。为善与众行之，为巧与众能之，此善之善者巧之巧者也。所贵圣

> 人之治，不贵其独治，贵其能与众共治。贵工倕之
> 巧，不贵其独巧，贵其能与众共巧也。（《尹文
> 子·大道上》）

"与众共治"一语，可以说很带德谟克拉西色彩，但他是否径主张民众进而自治，还不很明了。他又说：

> 己是而举世非之，则不知己之是。己非而举世
> 是之，亦不知己所非。然则是非随众贾（即价字）
> 而为正，非己所独了，则犯众者为非，顺众者为
> 是。（同上）

这段话，把民众意识的价值，赤裸裸地批判，民众政治好的坏的两方面，确都见到。但他对于这种政治，言外含有不满之意，不见得绝对主张。

第四，中国人说政治，总以"天下"为最高目的，国家不过与家族同为达到这个最高目的中之一阶段。儒家说的"平天下"（《礼记·大学》），"以天下为一家，中国为一人"（《礼记·礼运》），道家说的"以天下观天下"（《老子》），这类话到处皆是，不必多引了。法家像很带有国家主义的色彩，然而他们提倡法治，本意实为人类公益起见，并不是专为一个国家。所以《商君书·修权》说，"为天下治天下"，而斥"区区然擅一国者"为"乱世"。至于墨家，越发明了了。墨子说：

> 天兼天下而爱之。……天之有天下也，譬之

无以异乎国君诸侯之有四境之内也。（《天志
中》篇）

夫取天之人，以攻天之邑，此刺杀天民……上
不中天之利矣。（《非攻下》篇）

墨子说的"天志"，说的"兼爱"，都是根本于这
种理论。他的眼中，并没有什么国家的界限，所以他屡
说"视人国若其国"（《兼爱》篇）。

这样看来，先秦政治学说，可以说是纯属世界主
义。像欧洲近世最流行的国家主义，据我们先辈的眼光
看来，觉得很褊狭可鄙。所以孔子、墨子、孟子诸人，
周游列国，谁采用我的政策，我便帮助他，从没听见他
们有什么祖国的观念。因为他们觉得自己是世界上一个
人，并没有专属于哪一国。又如秦国的政治家，从由
余、百里奚起到商鞅、张仪、范雎、李斯止，没有一个
是秦国国籍。因为他们觉得世界上一个行政区域（国）
应该世界上有才能的人都有权来共同治理。若拿现代爱
国思想来责备他们，那么，简直可以说春秋战国时代的
人，个个都是无廉耻，个个都是叛逆，然而拿这种爱国
思想和他们说，他们总觉得是不可解。须知欧洲的法兰
西和德意志，当沙里曼大帝[1]时，只是一国，到今日却
成了几百年的世仇。中国的晋和楚，当春秋时划然两

---

[1] 即法兰克国王查理曼大帝。

国，秦汉以后，便一点界限痕迹都没有。现在若有人说你是山西国民，我是湖北国民，岂非笑话。可见彼我学说之异同，影响于历史上事实者至大。我们所以能化合成恁么大的一个民族，很受这种世界主义政治论之赐。而近二三十年来，我们摹仿人家的国家主义，所以不能成功，原因亦由于此。所以这派学说，在从前适用，在将来也会适用，在现在真算最不适用了。

道家的无治主义①

前回讲的四大潮流，现在要分别论它。

无治主义，是道家所极力提倡的。全部《老子》，可以说有三分之一是政治论。他的政治论，全在说明无治主义的理想和作用。无治主义，如何能在学理上得有根据呢？据老子的意思，以为人民自己会做自己的事，只要随他做去，自然恰到好处。他说：

> 民莫之令而自均。

又说：

> 我无为而民自化，我好静而民自正，我无事而民自富，我无欲而民自朴。

这种论调，很像亚丹斯密的一派经济学说，以为，只要绝对的放任自由，自然会得良好结果。所以凡带一点干涉，他都反对。他说：

> 夫代大匠斫者，希有不伤其手矣。

又说：

---

① 本文节选自梁启超《先秦政治思想史》。

> 天下神器，不可为也。为者败之，执者失之。

又说：

> 爱民治国，能无知乎？明白四达，能无为乎？……生之畜之，生而不有，为而不恃，长而不宰，是谓玄德。

这种话，对于政治上干涉行为，一切皆绝对否认。像"代大匠斫必伤其手"这种见解，我们不能不承认为含有一面真理。我想起欧洲某学者有句妙语，说："英国国王统而不治，法国总统治而不统。"老子"长而不宰"这句话，正可以拿"统而不治"来做训诂。

这种绝对自由论调，论理，他的结论应该归到人民自治那条路去。例如英国国王统而不治，所以"治"的权自然是归到人民组织的国会。老子却不是这样想，他以为这样子还是"为"，还是"执"，还是"宰"，还是"代斫"。对于无治主义不能贯彻，他理想的政治社会是：

> 小国寡民，使有什伯之器而不用，使民重死而不远徙；虽有舟舆，无所乘之；虽有甲兵，无所陈之；使人复结绳而用之。甘其食，美其服，安其居，乐其俗。邻国相望，鸡犬之声相闻，民至老死不相往来。

这种主张，不独说人民不应该当被治者，并且说不应该当治者。因为他根本认"治"是罪恶，被治和自治，在他眼中原没甚分别。

后世信奉这主义最热烈的，有和孟子同时的许行，许行的门徒陈相说：

> 贤者与民并耕而食，饔飧而治。今也滕有仓廪府库，则是厉民而以自养也。（《孟子·滕文公上》）

又说：

> 从许子之道，则市价不二，国中无伪，虽使五尺之童适市，莫之或欺。（同上）

正祖述老氏之说，和现代无政府党同一口吻。

我们要问，老子、许子心目中的"乌托邦"，要有什么先决条件才能实现呢？我们从《老子》书中察勘得出来，他说：

> 不尚贤，使民不争；不贵难得之货，使民不为盗；不见可欲，使民心不乱。

又说：

> 见素抱朴，少私寡欲。

不错，果然能够人人都少私寡欲，自然可以邻国相望……老死不相往来。自然用不着什么被治自治，你说不尚贤使民不争，他们自己会"尚"起来呀。你说不见可欲使民心不乱，拿可欲的给他见，固然是干涉，一定不许他见，还不是干涉吗？况且他自然会见，自然会欲，你又从何禁起呢？荀子说：

> 人生而有欲，欲而不得则不能无求，求而无度
> 量分界则不能不争，争则乱。（《礼论》篇）

韩非子亦说：

> 古者……不事力而养足，人民少而财有余，故
> 民不争。……今……人民众而货财寡，事力劳而供
> 养薄，故民争。（《五蠹》篇）

老子的无治主义，以人民不争不乱为前提，荀子、韩子从经济上观察，说明老子所希望的不争不乱万万办不到。孟子驳难许行，也是从经济方面立论，老子之徒若不能反驳，那么，无治主义算是受了致命伤了。

儒家和墨家的人治主义①

人治主义，是儒家墨家共同的，拿现在的话讲，就是主张贤人政治。孔子说：

> 为政在人……其人存则其政举，其人亡则其政息。（《礼记·中庸》）

又说：

> 修己以安人……修己以安百姓。（《论语·宪问》）

诸如此类，不可枚举。孟子说的"法先王"，荀子说的"法后王"，归根结底，不外人治主义。荀子更明目张胆抬出人治主义和法治主义宣战，说道：

> 有治人，无治法。……法不能独立，类不能自行。得其人则存，失其人则亡。（《君道》篇）

孟子较为带折衷精神，说道：

> 徒善不足以为政，徒法不能以自行。（《离娄上》篇）

---

① 本文节选自梁启超《先秦政治思想史》。

然而孟子所谓法，不外"遵先王之法"，也可以说仍在人治范围内。他说的"行仁政"，说的"保民而王"，都是靠贤人做去，所谓"苟非其人，道不虚行"，可以算他最后的结论。

墨家的人治主义，主张得尤为简单坚决，"尚贤""尚同"，是墨家所标主义里头很重要的两种。尚贤主义，和老子的"不尚贤使民不争"，恰是反面，他主张的理由如下：

> 何以知尚贤之为政本也？曰：自贵且智者为政乎，愚且贱者则治；自愚贱者为政乎，贵且智者则乱。……且夫王公大人……不察其知而与其爱，是故不能治百人者使处乎千人之官，不能治千人者使处乎万人之官……夫不能治千人者使处乎万人之官，则此官什倍也，夫治之法将日至者也。日以治之，日不什修；知以治之，治不什益。而予官什倍，则此治一而弃其九矣。（《尚贤中》篇）

这些话是针对当时贵族政治立言，很含有一部分精理。拿欧美官署或公司里头的办公人和中国比较，他们的劳力能率，总要比我们加好几倍。我们都是"以不能治千人者处万人之官"，我有位朋友曾说两句话很妙，他说："人人都说中国国民程度不够，我说只有国官程度不够。"墨子这一派尚贤主义，可以说现在还该极力提倡，而且我信它永久可以适用。

墨子的尚同主义，也是从尚贤引申出来，而结果益趋于极端。他说：

> 是故里长者里之仁人也。里长发政里之百姓，言曰："闻善而（训或）不善，必以告其乡长。乡长之所是，必皆是之；乡长之所非，必皆非之。去若（训汝）不善言，学乡长之善言；去若不善行，学乡长之善行。"……乡长惟能一同乡之义，是以乡治也。

> 乡长者乡之仁人也。乡长发政乡之百姓，言曰："闻善而不善，必以告国君。国君之所是，必皆是之；国君之所非，必皆非之……"……国君惟能一同国之义，是以国治也。

> 国君者国之仁人也。国君发政国之百姓，言曰："……天子之所是，必是之；天子之所非，必非之……"……天子惟能一同天下之义，是以天下治也。（《尚同上》篇）

又说：

> 明乎民之无正长以一同天下之义而天下乱也，是故选择天下贤良圣知辩慧之人立以为天子，使从事乎一同天下之义。天子既以（同已）立矣，以为惟其耳目之请（情字假借）不能独一同天下之义，是故选择天下赞阅贤良圣知辩慧之人，置以为三公，与从事乎一同天下之义。天子三公既已立矣，以为天下博大，山林远土之民不可得而一也，是故靡分天下设以为万

诸侯国君，使从事乎一同其国之义……率其国之万民
以尚同乎天子，曰："凡国之万民，上同乎天子而不
敢下比。天子之所是，必亦是之；天子之所非，必亦
非之。"（《尚同中》篇）

墨子这种主张，可以叫做彻底的贤人政治，可以叫
做绝对的干涉主义。他要"一同天下之义"，要"是
上之所是，非上之所非"，要人人都"上同而不敢下
比"，简直连思想言论的自由，都剥夺净尽了。墨子为
什么信任天子到这种程度呢？他说：

天子之视听也神。……"非神也，夫惟能使人之
耳目助己视听，使人之吻助己言谈，使人之心助己思
虑，使人之股肱助己动作。"（《尚同中》篇）

他的意思，因为天子能尚贤，所以可信任。尚贤、
尚同，是连带的理论。

墨子的主张，要有一个先决条件，倘若国君一定是一
国的仁人、天子一定是天下的仁人，那么，这种学说，还
可以有相对的成立余地。试问墨子有何方法能够保证呢？
墨子说，选举天下之贤者立以为天子。不错，选举是好极
了，由什么人选举呢？怎么选举法呢？选举出来的人何以
靠得住是"天下贤良圣知辩慧"呢？可惜墨子对于这种
种问题，都没有给我们满意的答复。但我们细读《墨子》
书，大略看出他的方法来了。墨家是一个宗教，教主自然
是天下最仁贤的人，教主死了过后，承袭教主道统的，也

是天下最仁贤的人。这个人，墨家上他一个徽号，叫做"巨子"。我们从传记中看见好几处记巨子的行动，可以看出他在本教中权力如何，简单说，倘若墨教统一中国，恐怕要采用欧洲中世罗马教徒所主张的"法王政治"。这种政治，教徒当然说是最好，但到底好不好，用公平的政治学者眼光看来，怕没有什么可商量的余地吧。

墨家的人治主义，本来太极端，不须多辩，即儒家之中庸的人治主义，可指摘处亦甚多，后来法家驳得极透彻，尹文子说：

> 田子（田骈）读《书》，曰："尧时太平。"宋子（宋钘）曰："圣人之治以致此乎？"彭蒙在侧，越次答曰："圣法之治以致此，非圣人之治也。"宋子曰："圣人与圣法何以异？"彭蒙曰："子之乱名甚矣。圣人者自己出也，圣法者自理出也，理出于己，己非理也。己能出理，理非己也。故圣人之治，独治者也。圣法之治，则无不治矣。"（《大道下》篇）

此言对于人治法治两观念根本不同之处，说得最为明白。然则何以见得"圣法之治则无不治"呢？尹文子又说：

> 若使遭贤则治，遭愚则乱，是治乱续于贤愚，不系于礼乐，是圣人之术，与圣主而俱没。治世之法，逮易世而莫用，则乱多而治寡。（《大道上》篇）

韩非子亦说：

> 且夫尧舜桀纣，千世而一出……中者上不及尧舜，而下亦不为桀纣。抱法处势则治，背法去势则乱。今废势背法而待尧舜，尧舜至乃治，是千世乱而一治也；抱法处势而待桀纣，桀纣至乃乱，是千世治而一乱也。（《难势》篇）

这两段都是说"人存政举，人亡政息"不是国家长治久安之计，最能指出人治主义的根本缺点，韩非亦以大多数的"中人"为标准，说得更为有力。

人治主义派自己辩护，或说，虽有良法，不得人而用之亦属无效，法治派反驳道：

> 夫曰："良马固车，臧获御之，则为人笑；王良御之，则日取乎千里。"吾不以为然。夫待越人之善海游者，以救中国之溺人，越人善游矣，而溺者不济矣。夫待古之王良以驭今之马，亦犹越人救溺之说也，不可亦明矣。夫良马固车，五十里而一置，使中手御之，追速致远，可以及也，而千里可日致也，何必待古之王良乎？且御非使王良也，则必使臧获败之；治非使尧舜也，则必使桀纣乱之。……此则积辩累辞，离理失术，两未之议也。（《韩非子·难势》）

这一段说的是"人无必得之券，则国无必治之符"。政权总是由人把持的，希望贤人政治的人，碰不着贤人，政权便落不肖者之手，岂不是全糟了吗？法治则中材可守，所以稳当。

法治派之驳难人治，再进一层，说道：

> 夫言行者，以功用为之的彀者也。夫砥砺杀矢，而以妄发，其端未尝不中秋毫也。然而不可谓善射者，无常仪的也。设五寸之的，引十步之远，非羿、逢蒙不能必中者，有常也。故有常则羿、逢蒙以五寸的为巧，无常则以妄发之中秋毫为拙。

（《韩非子·问辩》）

此论极刻入。以为人治主义，不得人固然破坏，即得人也不算成立。因为偶然的事实，不能作为学理标准。学理标准，是要含必然性的。

法治派对于人治派之尚贤故策，还有一种攻击，说道：

> 今上论材能知慧而任之，则知慧之人希主好恶，使官制物以适主心。是以官无常，国乱而不一。（《商君书·农战》）

前所举各条，不过说贤人不易得，并非说贤人不好，还是消极的排斥。这一条说尚贤根本要不得，是积极的排斥，虽说得过火些，却也含一部分真理。

平心论之，人治主义，不能说它根本不对，只可惜他们理想的贤人靠不住能出现。欲贯彻人治主义，非国中大多数人变成贤人不可。儒家的礼治主义，目的就在救济这一点。

儒家的礼治主义①

礼治主义，是儒家所独有的，也是儒家政治论的根本义。孔子说：

> 道之以政，齐之以刑，民免而无耻。道之以德，齐之以礼，有耻且格。（《论语·学而》）

当时法治的学说，虽尚未盛行，然而管仲、子产一流的政治家，已有趋重法治的倾向。孔子这段话，算是对于当时的政治实际状况，表示自己的态度。

礼到底是什么？我们试把儒家所下的定义参详一番：

> 礼也者，理之不可易者也。（《礼记·乐记》）

> 礼者，因人之情而为之节文，以为民坊者也。（《礼记·坊记》）

> 礼也者，义之实也。（《礼记·礼运》）

> 礼者，节之准也。（《荀子·致士》）

> 行礼也……众之纪也。（《礼记·礼器》）

---

① 本文节选自梁启超《先秦政治思想史》。

礼者，断长续短，损有余，益不足，达爱敬之文，而滋成行义之美者也。（《荀子·礼论》）

儒家最崇信自然法，礼，是根本自然法制成具体的条件，做人类行为标准的东西。

然则礼为什么可以做政治的工具呢？儒家说：

礼起于何也？曰：人生而有欲，欲而不得则不能无求，求而无度量分界则不能不争，争则乱，乱则穷，先王恶其乱也，故制礼义以分之，以养人之欲，给人之求。使欲必不穷乎物，物必不屈于欲，两者相持而长，是礼之所起也。……故礼者养也……君子既得其养，又好其别。曷谓别？曰：贵贱有等，长幼有差，贫富轻重皆有称者也。（《荀子·礼论》）

又说：

天下害生纵欲，欲恶同物，欲多而物寡，寡则必争矣。……离居不相待则穷，群而无分则争，穷者患也，争者祸也。救患除祸，则莫若明分使群矣。（《荀子·富国》）

又说：

饮食男女，人之大欲存焉；死亡贫苦，人之大恶存焉。故欲恶者心之大端也。……欲一以穷之，舍礼何以哉？（《礼记·礼运》）

他们从经济上着眼，以为社会所以有争乱，都起于人类欲望的冲动。道家主张无欲，虽然陈义甚高，无奈万做不到。他们承认欲望的本质不是坏的，但要给它一个度量分界，才不至以我个人过度的欲望侵害别人分内的欲望。这种度量分界，名之曰礼。所以说"礼者因人情而为之节文以为民坊"。他们以为这种"根据人情加以修正"的礼，是救济社会最善最美的工具。所以说：

> 礼岂不至矣哉。……至文以有别，至察以有说，天下从之者治，不从者乱；从之者安，不从者危。……故绳墨诚陈矣，则不可欺以曲直；衡诚县矣，则不可欺以轻重；规矩诚设矣，则不可欺以方圆；君子审于礼，则不可欺以诈伪。故绳者直之至，衡者平之至，规矩者方圆之至，礼者人道之极也。（《荀子·礼论》）

我们读了这段话，不知不觉把礼治家所谓礼和法治家所谓法联想到一起。法家说：

> 有权衡者不可欺以轻重，有尺寸者不可差以长短，有法度者不可巧以诈伪。（马总《意林》引《慎子》）

此外法家书这一类话还甚多，恕我不一一征引了。

儒家赞美他的礼，法家赞美他的法，用的都是一样话，究竟这两件东西是一是二呢？哪一件真能有这种功用呢？孔子有段话说得最好：

> 君子之道，譬犹防欤。夫礼之塞，乱之所从生

> 也，犹防之塞，水之所从来也。……凡人之知，能见已然，不能见将然。礼者禁于将然之前，而法者禁于已然之后。……礼云礼云，贵绝恶于未萌，而起敬于微眇，使民日徙善远罪而不自知也。（《大戴礼·礼察》）

法是事后治病的药，礼是事前防病的卫生术，这是第一点不同。

孔子又说：

> 礼义以为纪……示民有常，如有不由此者，在势者去，众以为殃。（《礼记·礼运》）

法是靠政治制裁力发生作用，在这个政府之下，就不能不守这个政府的法。礼却不然，专靠社会制裁力发生作用，你愿意遵守礼与否，尽随你自由。不过你不遵守时，社会觉得你是怪物，你在社会上便站不住。制裁力源泉各别，是礼与法第二点不同。

礼治绝不含有强迫的意味，专用教育手段慢慢地来收效果，《论语》记：

> 子适卫，冉有仆。子曰："庶矣哉！"冉有曰："既庶矣，又何加焉？"曰："富之。""既富矣，又何加焉？"曰："教之。"（《子路第十三》）

提倡礼治主义的人，专务"移风易俗"。最高目的，是"使人人有士君子之行"。他们以为经过这一番工夫，便可以"无为而治"。孔子说：

> 大道之行也，天下为公。选贤与能，讲信修睦。故人不独亲其亲，不独子其子；使老有所终，壮有所用，幼有所长，矜寡孤独废疾者皆有所养；男有分，女有归。货恶其弃于地也，不必藏于己；力恶其不出于身也，不必为己。是故谋闭而不兴，盗窃乱贼而不作，是谓大同。（《礼记·礼运》）

这是儒家理想的社会。把社会建设在兼爱互助的基础之上，真可以实行无治主义了。但何以能如此呢？下文说：

> 故圣人能以天下为一家中国为一人者，非意之也。必知其情，辟于其义，明于其利，达于其患，然后能为之。何谓人情？喜怒哀惧爱恶欲，七者弗学而能。何谓人义？父慈子孝、兄良弟弟、夫义妇听、长惠幼顺、君仁臣忠，十者谓之人义。讲信修睦，谓之人利。争夺相杀，谓之人患。故圣人之所以治人七情修十义讲信修睦尚辞让去争夺，舍礼何以治之？（同上）

据上所说，礼治主义的根本精神大略可见了。这种礼治主义，儒家虽然说得很圆满，然而逃不了四方八面的攻击。道家因为它带有干涉气味，违反自然，所以攻击它说道：

> 失道而后德，失仁而后义，失义而后礼，夫礼

者忠信之薄而乱之首。（《老子》）

墨家尊实利主义，因为它偏于形式而太噜苏。所以攻击它说道：

> 博学不可使议世，劳思不可以补民，累寿不能尽其学，当年不能行其礼。（《墨子·非儒》）

法家和道家正相反，道家因为它干涉，所以攻击它。法家因为它不干涉，所以攻击它。法家说：

> 夫圣人之治国，不恃人之为吾善也，而用其不得为非也。恃人之为吾善也。境内不什数，用人不得为非，一国可使齐。为治者，用众而舍寡，故不务德而务法。……不恃赏罚而恃自善之民，明主弗贵也。何则？……所治非一人也。（《韩非子·显学》）

各家攻击礼治主义之言大略如此，我们试平心把这个主义的价值检查一番。礼这样东西，本是以社会习惯为根据。社会习惯，多半是由历史上传统的权威积渐而成，不能认它本质一定是好的。绝对尊重它用作政治上的主义，很可以妨害进步，我们实在不敢赞成。但换个方面看来，习惯支配社会的力量实在大得可怕。若不能将习惯改良，一切良法美意都成虚设。儒家提倡礼治主义的深意，是要使"人人有士君子之行"。法家说"弗贵有自善之民"，儒家正和他们相反，确信非有"自善之民"，则良好政治不能出现。《论语·阳货》说：

子之武城，闻弦歌之声，夫子莞尔而笑曰："割鸡焉用牛刀？"子游对曰："昔者偃也闻诸夫子曰：'君子学道则爱人，小人学道则易使也。'"子曰："二三子！偃之言是也。前言戏之耳。"

这一章很可以见出儒家政论根本精神。他们是要国中人人都受教育，都成为"自善之民"。他们深信贤人政治，但不是靠一两个贤人。他们最后目的要把全社会人个个都变成贤人。质而言之，他们以养成国民人格为政治上第一义，他们反对法治，反对的理由就专为"民免而无耻"，于国民人格大有妨害。

拿办学校做比方。法家以为最要紧是严定章程，信赏必罚，令学生整齐严肃，学校自然进步。儒家不然，以为最要紧是养成好学风，得有"自善"的学生，学校乃能进步。法家的办法，例如每学期只准告假若干次若干点钟，过了便扣分数，以为这样便可以防懒惰的学生。例如图书馆规则严密规定弄污了如何惩罚，撕破了如何惩罚，以为这样便可以防乱暴的学生。儒家以为专靠这些，效力有限得很，而且会生恶果。你立许多告假章程防备懒惰，那懒惰的学生，尽可以在不违犯告假章程内，依然实行懒惰。你立许多借书章程防止乱暴，那乱暴的学生，当着旁人不见的时候撕破书，你便无法追究，你要惩罚他时，他可以有法抵赖。所以立法无论若何严密，到底不能得预期的效力。不唯如此，你把学生当作贼一般看待，学生越发不自爱，逼着他想出种种方法遁逃于法之外，养成取巧或作伪的恶德，便根本不可救药了。所谓"免而无耻"，即指这种现象。儒家的办法，以为只要想方法引起做学问的兴味，学生自然不会懒惰，只要想方法养成公德观念，学生自然不会乱暴。在这种学风底下发育的学校，倘若学生中有一两位懒惰乱暴的，全校学生都不齿他，这种制裁力，比什么章程罚则都强。礼治的真精神，全在这一点。从这一点看来，法治主义，很像从前德国、日本的"警察政治"，礼治主义，很像英美的自由主义。儒家所以站得住的地方在此，若从繁文缛节上求"礼"，便浅之乎视儒家了。

法家的法治主义①

法治主义，最为晚出。法治成为一种系统的学说，起于慎到、尹文、韩非诸人。然而以前的政治家，早已有人实行这种主义。道儒墨三家的学说，亦有一部分和法治相通。因此后起的学者，熔贯这些偶现的事实和断片的学理，组织成一个新派。今请先述法之定义，定义者有广狭广义的"法"，如儒家说：

> 是以明于天之道而察于民之故，是兴神物以前民用……一阖一辟谓之变，往来不穷谓之通。见乃谓之象，形乃谓之器，制而用之谓之法。（《易经·系辞上》）

墨家说：

> 法，所若而然也。（《墨子·经上》）

再追寻法字的语源，据《说文》说：

> 灋，刑也。平之如水，从水。廌，所以触不直者去之，从去。

---

① 本文节选自梁启超《先秦政治思想史》。

式，法也。

范，法也。

模，法也。

型，铸器之法也。

"法"本字作"瀍"，含有平直两意，其互训之"荆"，即"型"字。其字从井，井含有平正秩序之义。俗语"井井有条"，即其正训，为器物之模范，法即行为之模范。墨家说，"法，所若而然"，意思是说，"你依着这样做便对了"。儒家说法的本原在"天之道"与"民之故"，换句话说，就是"社会自然模则"。这种自然法则表现出来的叫做象，模范那象用人力制成的叫做法。把以上几条归拢起来可以下个定义道："根据平正秩序的自然法则制成一种模型，叫做法。"

依这广义，凡人类一切行为的模型，乃至无机物的模型，通谓之法。法家以为范围太广泛了，他们另外下一种狭义解释，说道：

法者，宪令著于官府，刑罚必于民心，赏存乎慎法，而罚加乎奸令者也。（《韩非子·定法》）

又说：

法者，编著之图籍，设之于官府，而布之于百姓者也。（《韩非子·难三》）

从广义的解释，则法与礼同为人类行为的标准，可以说没甚分别。而且可以由一个人"以身作则"。法治人治，也可混为一谈。狭义的解释不然，他们所注重的，是具体的成文法，用国家权力强制执行。法家的特色全在这一点。

说到这里，应该把古代成文法的沿革，略为研究。现存的三代古籍，没有一部是用法典形式编成的——《周官》很像行政法，但这书为战国以后伪作，已成学界公论。①《尚书·吕刑》说：

> 苗民弗用灵，制以刑，惟作五虐之刑，曰法。

像是刑法这样东西，专为统治异族的苗民而设。这种推测，很近情理。因为古代部落社会，大半由血统关系而成立。部落不过大家族，家族的统治，靠情义和习惯便够了，用不着什么法律。后来和外族竞争的结果，渐渐有些血族以外的人同栖于一社会中，这些人和社会的固有分子没有什么情意，和社会的固有习惯常常不相容，于是不能不立些法律来约束、强迫他们。荀子说：

> 由士以上，则必以礼乐节之；众庶百姓，则必以法数制之。（《富国》篇）

荀子时候的"士"和"众庶"，虽然不是用血统做

_____

① 编者按：西汉景帝、武帝之际，河间献王刘德从民间征得一批古书，其中一部名为《周官》，原书《冬官篇》亡，汉儒取《考工记》补其缺。王莽时，刘歆称该书为周公所作，并列入学官，更名为《周礼》。东汉之后，成为三礼之首。清以前学者多采刘歆所说，但近代以来学者多倾向该书应成书于战国。

区别，但这种观念发源甚古，大约古代有贵族、平民两阶级。贵族是相互的以礼为坊，平民是片面地受治于法。所以说：

> 礼不下庶人，刑不上大夫。（《礼记·曲礼上》）

这种办法，在部落时代，原是可行，但社会渐渐发达成了国家，情形却不同了。社会分子日日增多，日日趋于复杂，贵族、平民的界线日日混合变化，专靠相互的以礼为坊，可有点维持不住了。成文的法律，就不得不应时而兴。据《左传》所记，各国有所谓"仆区之法""茅门之法""被庐之法"等名目，虽然内容如何，今无可考，大约是"宪令著于官府"的"法"之起源了。其他如晋国之"作原田，作州兵"，谅来都应该有一种条文来规定办法。最显著者，如管仲相齐，"作内政，寄军令，制为轨里连乡之法"。他所制定的法律当然很多，到春秋末叶，成文法之公布，遂成为政论界一大问题。郑国的子产要铸刑书，晋国的叔向写信责备他，说道：

> 先王议事以制，不为刑辟，惧民之有争心也。……并有争心，以征于书，而徼幸以成之，弗可为矣。……锥刀之末，将尽争之，乱狱滋丰，贿赂并行，终子之世，郑其败乎？（《左传·昭六年》）

后来晋国也作刑鼎。孔子、史墨都批评他，认为不好，意思和叔向大略相同。大约"民免而无耻"，是他们反对派最强的理由。当时子产回叔向的信说道："侨不才，不能及子孙，吾以救世也。"观此可知法治主义，已成为那时候的"时代要求"，像子产一流的实干政治家，早已承认了。

到战国初年，魏国的李悝制定《法经》六篇。后来商鞅以魏国人做秦国宰相，应用李悝的精神，把秦国做成法治的模范国。《法经》虽然久已亡佚，但现存的《唐律疏义》，以《晋律》为底本，《晋律》以萧何的《汉律》九章为底本，《汉律》以《法经》为底本，所以《法经》可以说是最古的成文法，有一部分用蜕形的方式流传到今日。古代成文法制定公布的经过大略如是。

法律之制定公布，既已为"救世"所必要，各国政治家向这方面实行，而反对论亦蜂起。于是法治之可否，遂成为学界问题。有一群学者，要从学理上找出法治主义可能且有益的根据，法家乃因而成立。说到这里，我们有一件事应该注意，当时法家的大学者，不是和墨家有关系，便和道家有关系。如尹文，《庄子·天下》把他和宋钘并列，底子是个墨家，然而他的言论，确是法治主义急先锋。如韩非，人人公认为法家中坚，他的书中，却有《解老》《喻老》等篇，可见他和道家渊源很深。然则主张无治主义的道家和主张人治主义的墨家，何以末流都归到法治主义呢？试看以下所引几条，便可以寻出线索。

法治主义最坚强的壁垒，在"综核名实"，尹文子说：

> 名者，名形者也。形者，应名者也。……故亦有名以检形，形以定名，名以定事，事以检名。……善名命善，恶名命恶……使善恶尽然有分。……名宜属彼，分宜属我。……定此名分，则万事不乱也。（《大道上》篇）

古代名学的派别和应用，不是本论范围，今且不说。但看司马迁以来都称法家言为"刑名之书"，《法经》第一篇便是"名"篇，《汉律》《唐律》第一章便是"名律"①，可见得"法"和"名"关系的密切了。古代名学，墨家讲得最精，《墨经》四篇，大半阐明名理。他们的后学，应用到政治论上，便完成法治主义。尹文子说：

> 故人以度审长短，以量受多少，以衡平轻重，

① 编者按：梁氏原文如此。《法经》一书据称由魏人李悝所作，然未见于先秦两汉材料，仅首见于唐人所编《晋书·刑法志》，历代就其真伪多有怀疑。该书早佚，据称六篇，首篇为《盗》篇，与"名"相关内容载于末篇《具》篇。《汉律》据称以《法经》为基础，演六篇为九章，同样不以"名"篇为首。惟《唐律》可确定实以《名例律》为首章。

以律均清浊，以名稽虚实，以法定治乱，以简治烦
惑，以易御险难。万事皆归于一，百度皆准于法。
归一者简之至，准法者易之极。如此，顽嚚聋瞽可
与察慧聪智同其治也。（同上）

墨家学说，不是认"一人一义，十人十义"为不
好，"要选举仁贤圣智辩慧之人立为天子，使之一同天
下之义"吗？法家也认"一同天下之义"为必要，但一
同的手段，不恃人而恃法。例如市面用的尺，有京尺，
有广尺，有沪尺，有英尺，有米突尺，便是"一人一
尺、十人十尺"，我们和人说"我有一尺布"，不知是
一京尺呀，还是一广尺一英尺呢？这便是名实混乱，然
则"一同天下之尺"，自然是有益而且必要。怎样去
"一同"他呢？主张人治主义的人说："某人手法最
准，谓他用手量一量，便可认为公尺。"但如何能件件
东西都烦他用手去量呢？他的手一伸一缩，能保不生出
参差吗？这些问题，主张人治主义的人不能答复。主张
礼治主义的人说，"只要社会公认通行的便算公尺"，
但所谓"社会公认"，有什么法能令他一致，结果还
不是"一人一尺，十人十尺"吗？这问题主张礼治主
义的人也不能答复。主张法治主义的人说："只要农
商部设一个度量衡检查所，用一定的标准来'一同天
下之尺'，用一块铜片或竹木片规定他怎么长便叫做
'尺'，把'尺'的名确定之后，便循名责实，和这长

度相等的便是尺，不相等的便不是尺。"墨家亦说：

> 效者，为之法也。所效者，所以为之法也，故
> 中效则是也，不中效则非也。（《墨子·小取》）

法家把这种理论应用到实际，以为万事都要用法律规定。执政的人便立在法律后头，综核名实，看他"中"与"不中"，拿赏罚的威力制裁他。例如人民应该做哪件事，不应该做哪件事，凭圣君贤相一时的主观的判断来做标准吗？不对。凭社会习惯做标准吗？也不对。不如由国家法律定出一个标准，凡法律认为应该做而不做，或认为不应该做而做，都要受制裁。这是最简最易的办法，譬如农商部的公尺颁定以后，不必有好手法的人，自然会根据这标准量布毫厘丝忽不差。所以说，"顽嚚聋瞽可与察慧聪智同其治。"

法家的话，反复发明这种道理的很多。韩非子说：

> 设柙非所以备鼠也，所以使怯弱能服虎也；
> 立法非所以避曾史也，所以使庸主能止盗跖也。
> （《守道》篇）

意思是说好人不必法律制裁他，法律的作用，在使无论何人都可制止恶事。又说：

> 释法术而心治，尧不能正一国；去规矩而妄意
> 度，奚仲不能成一轮。……使中主守法术，拙匠守
> 规矩尺寸，则万不失矣。（《用人》篇）

有人说，法定得妥当固然好，万一不妥当岂不大

糟。法家以为不然。他们说：

> 法虽不善，犹愈于无法，所以一人心也。夫投钩以分财，投策以分马，非钩策为均也，使得美者不知所以美，得恶者不知所以恶，此所以塞愿望也。（《慎子·威德》）

或疑法律威权如此其重，岂不是助成专制。法家的精神，却大大不然。他们认法律为绝对神圣，他们不许政府行动轶出法律范围以外。他们说：

> 明君……置法以自治，立仪以自正也。……禁胜于身，则令行于民矣。（《管子·法法》）

> 不为君欲变其令，令尊于君。（同上）

> 有道之君，善明设法而不以私防者也。而无道之君，既已设法，则舍法而行私者也。……为人君者信道弃法而好行私谓之乱。（《管子·君臣》）

> 君人者舍法而以身治，则诛赏予夺，从君心出。……君舍法而以心裁轻重，则同功殊赏，同罪殊罚矣，怨之所由生也。（《慎子·君人》）

这类话，在法家书中屡见不一。他们的根本精神，专在防制君主"以心裁轻重"，不令"诛赏予夺从君心出"，所以又说：

> 使法择人，不自举也。使法量功，不自度也。（《管子·明法》）

> 不知亲疏远近贵贱美恶，以度量断之……故任

天下而不重也。（《管子·任法》）

儒家最贵的是行仁政，法家不以为然。法家在法律之下，无所谓爱憎，无所谓仁不仁。他们说：

> 不为爱民亏其法，法爱于民。（《管子·法法》）

又说：

> 慈母之于弱子也，爱不可为前，然而弱子有僻行使之随师，有恶病使之事医，不随师则陷于刑，不事医则疑于死。慈母虽爱，无益于振刑救死，则存子者非爱也。母不能以爱存家，君安能以爱持国？（《韩非子·八说》）

儒家每每攻击法家刻薄寡恩，然法家不过在法律之下常常保持冰冷的面孔，特别的仁爱固然没有，特别的刻薄亦何尝有呢？

法家以为任法的结果，可以到无为而治的境界。他们说：

> 名定则物不竞，分明则私不行。物不竞非无心，由名定故无所措其心。私不行非无欲，由分明故无所措其欲。然则心欲人人有之，而得同于无心无欲者，制之有道也。（《尹文子·大道上》）

又说：

> 圣君任法而不任智……然后身佚而天下治。（《管子·任法》）

他们以为用法律正名定分，人民虽有私欲也行不开，自然可以变成无私无欲。又以为用呆板的法律支配一切人事，统治的人一毫成见掺不下去，自然可以垂拱无为。然则法治主义结果可以达到无治的目的，道家后学所以崇拜法治在此。

然则有什么保障能令法治实现呢？头一件，君主不可"弃法而好行私"，不可"诛赏予夺从君心出"，前文已经说过了。他们更有一种有力的保障，是要法律公开，使人民个个都明白了解他们的办法如下：

> 公问于公孙鞅曰："法令以当时立之者，明旦欲使天下之吏民皆明知而用之如一而无私，奈何？"公孙鞅曰："为法令，置官吏，朴足以知法令之谓者，以为天下正。……诸官吏及民有问法令之所谓也于主法令之吏，皆各以其故所欲问之法令明告之。各为尺六寸之符，明书年、月、日、时、所问法令之名以告吏民，主法令之吏不告，及之罪，而法令之所谓也，皆以吏民之所问法令之罪各罪主法令之吏……故天下之吏民，无不知法者。吏明知民知法令也，故吏不敢以非法遇民，民不敢犯法以干法官也。遇民不修法则问法官，法官即以法之罪告之，民即以法官之言正告之吏。吏知其如此，故吏不敢以非法遇民，民又不敢犯法。如此，天下之吏民虽有贤良辩慧，不能开一言以枉

法。……此所生于法明白易知而必行。"（《商君书·定分》）

罗马十二铜表法之公布，由人民用革命的手段才换得来。法家这样诚恳坚决主张法律公开，而且设种种方法令法律知识普及，真可谓能正其本，能贯彻主义的精神了。

法治主义，在古代政治学说里头，算是最有组织的、最有特色的，而且较为合理的。当时在政治上，很发生些好影响。秦国所以盛强，确是靠它。秦国的规模，传到汉代，得有四百年秩序的发展。最后极有名的政治家诸葛亮，也是因为笃信这主义，才能造成他的事业。可惜从汉以后，这主义一日比一日衰熄，结果竟完全消灭了。为什么消灭呢？一半是学说本身的原因，一半是政治上原因。学说本身原因，头一件，太硬性，和国民性质不甚相容，所以遭儒家的打击，便站不住。第二件，学说有不周密的地方，容易被坏人利用变坏了。这一点下文再详说，政治上原因，头一件，就是刚才说的利用变坏，第二件，外族侵入和内乱剧烈的时候，真成了俗话所谓"无法无天"，还有什么法治呢？中国不幸在这种状态之下过了一千多年，有何话说？政治在法治以上还要有事，我们是承认的，但若使连法治尚且办不到，那便不成为今日的国家，还讲什么"以上"呢？所以我希望把先秦法家真精神，着实提倡，庶几子产所谓"吾以救世"了。

我们虽崇拜法治主义，却要知它短处。短处要分别言之。一是法治主义通有的短处，二是先秦法家特有的短处。什么是法治主义通有的短处，法律权力渊源在国家，过信法治主义，便是过信国家权力。结果个人自由，都被国家吞灭了，此其一。法治主义，总不免机械观，万事都像一个模型里定制出来，妨害个性发展，此其二。逼着人民在法律范围内取巧，成了儒家所谓"免而无耻"，此其三。这三种短处，可以说虽极圆满的法治国家，也免不了的。什么是先秦法家特有的短处呢？他们知道法律要确定要公布，知道法律知识要普及于人民，知道君主要行动于法律范围以内，但如何能贯彻这种主张，他们没有想出最后最强的保障。申而言之，立法权应该属于何人？他们始终没有把它当个问题。他们所主张法律威力如此绝对无限，问法律从哪里出呢？是君主？还是政府？他们虽然唇焦舌敝说"君主当设法以自禁"，说"君主不可舍法而以心裁轻重"，结果都成废话。造法的权在什么人，变法废法的权自然也在那人。君主承认的便算法律，他感觉不便时，不承认它，当然失了法律的资格。他们主张法律万能，结果成了君主万能。这是他们最失败的一点。因为有这个漏洞，所以这个主义，不惟受别派的攻击无从辩护，连它本身也被专制君主破坏尽了。我们要建设现代的政治，一面要采用法家根本精神，一面对于它的方法条理加以修正才好。

第一讲

孔子

孔子的事迹①

孔子事迹流传甚多，但极需慎择。如《孔子家语》《孔丛子》两书，其材料像很丰富，却完全是魏晋人伪作，万不可轻信。②《史记》算是最靠得住的古书，然而传闻错误处也不少。所以《孔子世家》也不能个个字据为事实，只好将他作底本，再拿《左传》《论语》

---

① 本文节选自梁启超《孔子》，收入《入饮冰室合集·专集》第10册，中华书局1936年版。

② 编者按：《汉书·艺文志》"《论语》"类录"《孔子家语》二十七卷"，但《汉志》本《孔子家语》和今本关系素有争论。乾嘉以来多认为今本为东汉王肃所伪，但出土孝宣时期的八角廊汉简中有《儒家者言》文本与今本《家语》大体相近，其中《论礼》篇更可见于战国简牍。《汉志》中有"《儒家言》十八篇"，疑即为出土《儒家者言》。出土《儒家者言》同今本《家语》仍有一定差异，其形成流变过程颇有争论。《孔丛子》旧题孔鲋撰，但不见于《汉书·艺文志》，历代鲜有认为该书为真者，但近来其中部分内容已见于战国简牍。现多认为今本此二书应属孔安国至孔猛的孔府后人增改所成，不排除王肃参与，但当中内容有成书于先秦部分，一定程度上可用于考察先秦儒家观念。

《礼记》及其他先秦子书来参证，或可以比较的正确。本书并非史传，所以不必详考事迹，但将孔子一生生涯分出几个大段落，列一极简单的表便够了。

周灵王二十年，即鲁襄公二十一年（公元前五五一），孔子生。

孔子本宋国人，其曾祖始迁于鲁。

孔子少孤，其母与其父非正式结婚。

孔子二十岁左右为贫而仕，尝为季氏之委吏乘田等官。

孔子二十四岁丧母，有门人助葬。

孔子三十六岁鲁季氏逐昭公，孔子避乱适齐。

孔子三十八岁自齐返鲁，门人益进。

孔子四十八岁阳虎囚季氏，欲用孔子，孔子不仕。

孔子五十一岁见老子。

孔子五十二岁初仕为中都宰。

孔子五十三岁相鲁定公，会齐侯于夹谷。

孔子五十五岁为鲁司寇，堕三都。

孔子五十六岁去鲁适卫。

孔子五十六岁至六十九岁历游卫、曹、陈、宋、蔡、郑、楚诸国，居卫最久，陈次之。

孔子六十九岁自卫返鲁，修《诗》《书》，定《礼》《乐》，作《易传》。

孔子七十二岁作《春秋》。

孔子七十四岁卒，时鲁哀公十四年、周敬王四十一年（公元前四七九）。

综合各书所记孔子事迹，有应注意的几点如下：

（一）孔子出身甚微，不过一羁旅之臣，并非世族，而且是庶孽。

（二）孔子教学甚早，《礼记·檀弓》记孔子葬母，门人助葬，其时孔子仅二十四岁。

（三）孔子政治生涯甚短。宰中都，相夹谷，都算不得什么事业。孔子的政治生涯，其实只在五十五岁那一年。最大的事实，就是堕三都，目的在打破贵族政治，但是完全失败了。

（四）孔子游历地甚少。后人开口说孔子周游列国，《史记》也说孔子干七十二君，其实他到过的国只有周、齐、卫、陈，或者到过楚国属地的叶。那宋、曹、郑三国，经过而没有住。算起来，未曾出过现在山东、河南两省境外。

（五）孔子著书甚迟。自卫返鲁后，始删定"六经"，其时已六十九岁，距卒前仅五年。

孔子的时代①

（一）鲁、卫在古代文化史上之位置。鲁为周公封国，具天子礼乐（《礼记·明堂位》），伯禽初之国，变其俗，革其礼（《史记·鲁世家》）。所以文武周公时代的文化，传在鲁国的最多。后来诸姬之国，都认它做宗国（《孟子·滕文公上》）。吴季札聘鲁，乃尽见各国的诗与乐（《左传·襄二十九年》）。晋韩宣子聘鲁，观书于太史氏，曰："周礼尽在鲁矣！"（《左传·昭二年》）孔子生在此国，自然受的感化甚多。一方面为文献荟萃，能开出一种集大成的学术，一方面当然含有保守性质。卫为殷故墟，乃前代文化中心。史称其多君子，在春秋时，程度和鲁国不相上下。孔子在卫很久，亦蒙它的影响，而孔子弟子，亦卫、鲁两国人最多。

（二）霸政之衰息。其时正值晋楚弭兵之后，晋霸已衰，楚亦不竞，而吴越方相继崛起于南。当霸政时，各国不甚敢互相攻伐，人民尚稍得苏息。到这时，兼并

---

① 本文节选自梁启超《孔子》。

之祸又渐起了。前此各国内政往往受盟主干涉，不敢十分横行（《孟子》引齐桓葵丘之会，凡有五命，多涉各国内政），到这时，益发无复顾忌了。孔子所亲见亲历的，周则王子朝攻逐敬王，鲁则季氏逐昭公、阳虎囚季氏，卫则蒯聩出公父子争国，齐则崔杼、陈恒先后弑君，楚则平王弑灵王，吴则阖庐弑王僚。此外各国小篡乱尚多，纯然是乱臣贼子的时代。孔子生当此时，所以正名分弭祸乱的思想，不得不起。

（三）贵族政治之堕落。春秋中叶，算是我国贵族政治全盛时代。那时的贵族，实在能做社会的中坚，而且帮助社会发达。到孔子时，渐渐堕落了。如晋的荀、韩、魏、赵、范、中行，齐的崔、庆、高、陈都是互相残杀。观叔向与晏婴私语，互相叹息于季世齐国的情状，是"民参其力，二入于公而衣食其一，公聚朽蠹而三老冻馁。国之诸市，屦贱踊贵"。晋国的情状，是"庶民罢敝而宫室滋侈，道殣相望而女富溢尤。民闻公命，如逃寇仇，政在家门，民无所依，君日不悛，以乐慆忧"。（《左传·昭三年》）晋、齐是两个大国，为贵族政治的模范，今堕落到如此，其他可以类推。所以改造社会，破坏贵族政治，实为当时迫切的要求。

（四）社会思想之展开。试留心一读《左传》，可以看出上半部和下半部很有不同：上半部所记名人的议论多涉空泛，而且都带点迷信的色彩；下半部差多了，内中有许多极精的名理，如子产、叔向、蘧伯玉、晏子、季札、苌弘等辈，尤为精粹，在学术思想史里头，都很有价值。那时创立学派的人，老子是不用说了。像关尹，庄子拿他与老子并称，都叫作"博大真人"（《天下》篇），像邓析"操两可之说设无穷之辞"（《列子·力命》），像史鳎"邦有道如矢，邦无道如矢"（《论语》），"忍情性，綦溪利跂，苟以分异人为高"（《荀子·非十二子》）。这些人都和孔子同时，各人有特别见解。《论语》记棘子成曰："君子质而已矣，何以文为？"又记："或曰：以德报怨，何如？"这棘子成和那"或人"，都是有一种反抗时势的主张。还有《论语》里头许多隐姓埋名的人，如荷蒉、晨门、楚狂接舆、丈人、长沮、桀溺等辈，主张极端的厌世主义。这都是因为社会变迁，渐渐产出些新宇宙观、新人生观出来。在这种机运里头，所以能产出孔子这样伟大人物。

孔子的著述①

　　研究孔子学说，不像老子那样简单了，因为他的著述和他的言论流传下来的很多。他学问的方面也很复杂，不容易理出个头绪来，所以先要将资料审查一回，再行整理。

　　孔子有著作没有呢？据他自己说述而不作，我们自然不应该说他有著作。然则后人说孔子删定"六经"是造谣言吗？其实亦不然。"六经"虽然都是旧日所有，经过孔子的手，便成为孔子的"六经"。所以说"六经"是孔子的著述，亦未为不可。但这六部经里头添上孔子的分子之多少，各经不同。今以多少为次序，分别论之。

《礼》

　　《礼经》就是《仪礼》十七篇（虽有"经礼三百，曲礼三千"之说，但其书无可考）。这十七篇，都是

────────

① 本文节选自梁启超《孔子》。

讲的仪注，大约是一种官书，像唐的《开元礼》、清的《大清通礼》一般，内中未必有孔子手笔。孔子教人，大概是一面习这些礼仪，一面讲礼的精意。讲礼的精意，散在《论语》《礼记》等书内，至于这部《礼经》，不见得有什么改订。

《诗》与《乐》

《史记》称："古者《诗》三千余篇，孔子去其重，取可施于礼义……故曰：'《关雎》之乱以为《风》始，《鹿鸣》为《小雅》始，《文王》为《大雅》始，《清庙》为《颂》始。'三百五篇，孔子皆弦歌之，以求合《韶》《武》《雅》《颂》之音。"（《孔子世家》）据此，像古《诗经》孔子删去的很多，然《左传》所载朝聘燕享，皆有赋《诗》。所赋的《诗》，在今本三百五篇以外的其少。吴季札聘鲁听乐，所听亦不出今本《国风》。此皆在孔子以前，可见当时通行的《诗》不外此数。或者孔子把它分一分类立出《风》《雅》《颂》等名目，或者把次序做些改正。至于诗篇，怕未必有什么损益。

然则孔子对于这部《诗经》有什么功劳呢？我说他的功劳不在删《诗》而在正乐。《诗》《书》《礼》《乐》古称"四术"（《礼记·王制》）。《史记》称孔子以《诗》《书》《礼》《乐》教弟子，而《论语》中雅言只有"诗书执礼"，何故不言乐呢？乐与《诗》相依，离《诗》无乐，离乐无《诗》，所以《乐经》是没有的。《乐》就是乐谱，如何能有经呢？《论语》子曰："吾自卫反鲁，然后乐正，《雅》《颂》各得其所。"可见正乐即是正《诗》。《史记》说"皆弦歌之以求合《韶》《武》《雅》《颂》之音"，解说得最明白。大概孔子极好音乐，而且极精，他在齐闻《韶》，"三月不知肉味"（《论语》）。他从师襄学鼓琴，因曲推到数，因数推到志，因志推到为人（《史记·孔子世家》）。他能教导老乐官太师挚（《论语》），可见他音乐的天才和造诣不同寻常。从前的《诗》，是否都能入乐，不敢断定。但这三百五篇，孔子一定都把它们谱出来，或者从前旧谱有不对的，都把它们改正，所以说"然后乐正，《雅》《颂》各得其所"。

《庄子》说"诵《诗》三百，歌《诗》三百，弦《诗》三百，舞《诗》三百"，可见篇篇诗不唯能诵，而且都能歌能弦能舞。孔子的精力用在这里头的，怕着实不少。他把诗乐正定之后，自己很得意。他说"师挚之始，《关雎》之乱，洋洋乎，盈耳哉"（《论语》），很有踌躇满志的口气。诗乐之教，是孔门最重要的功课。拿现在的话来讲，就是文学音乐合为一体，用作教育基本。所以他的弟子子游做武城宰，就把全城都哄起弦歌之声来（《论语》）。这就是乐教，也就是诗教。可惜后世乐谱失传，我们只能诵诗，不能弦诗、歌诗、舞诗了。孔子在《诗经》上所费的精力，我们连影子都得不着。所以现在这部《诗经》，只能当作研究古代社会情状的资料，不能当作研究孔子学说的资料。

《书》

《尚书纬》说孔子求得"黄帝元孙帝魁之书，迄于秦穆公凡三千二百四十篇，断远取近，定可以为世法者，百二十篇"。此说虽不甚可信，但《书经》总体是孔子从许多古书里头删选出来，因为子书中常引《商志》《周志》《商书》《周书》等文，非今本所有。就是现存这部《逸周书》，也不见得是后人伪造，大概是孔子删剩下的了①。现存《尚书》二十八篇，是否孔子的足本，尚难断定。但我们从它分别去取里头，也可以推见孔子学说的一部分，即如他拿《尧典》做第一篇，一定不是毫无意义。司马迁说："学者多称五帝尚矣，而《尚书》独载尧以来。"（《史记·五帝本纪赞》）孔子把古代神话，一笔

---

① 编者按：《汉书·艺文志》"书类"录"《周书》七十一篇，周史记。"刘向认为"周之诰誓号令也，盖孔子所论百篇之余也。"晋太康间又有出土汲冢《周书》。《隋书·经籍志》"杂史"录"《周书》十卷，汲冢书，似仲尼删《书》之余。"今本《逸周书》与《汉志》本、汲冢本、《隋志》本关系如何争论颇多。今本为十卷五十九篇，篇目成书时间被认为横跨西周至战国。

勾销，就是他的特识。此外《尚书》的文字，或者还有许多经孔子润色过，所以研究孔子学说，这部书很应留意。

《易》

《诗》《书》《礼》《乐》，都可以说述而不作，《易经》总算述而作，《春秋》便作而不述了。现存的《易经》，除卦辞爻辞为孔子以前旧本外，其他皆孔子所作。内六十四条《彖辞》、六十四条《卦象辞》、三百八十四条《爻象辞》，完全是孔子亲笔做的，毫无疑义。还有一篇《文言》，两篇《系辞》，一篇《说卦》，据《史记》说都是孔子自著。但《文言》《系辞》里头有许多"子曰"，又像是弟子所记。至于《说卦》和《序卦》《杂卦》这三篇，恐怕有点靠不住。要之《彖》《象》《系辞》《文言》，我们总应该认为孔子的易学。这是孔子哲学的中坚，研究孔子学说最要紧的资料。

《春秋》

孟子说孔子惧作《春秋》，现行这部《春秋》，完全是孔子作的，但他的底本仍因《鲁史》，所以说他是述亦可。《春秋》是一部极奇怪的书，孔子的政治理想，都在里头，自然也是研究孔子学说最要紧的资料。

除"六经"以外，孔子别无著作。汉人说《孝经》是孔子所作。《孝经》开卷两句是"仲尼居，曾子侍"，即此可见不唯不是孔子所作，且不是曾子所作了。宋人更说《大学》是孔子所作，那更毫无凭据，不必深辩。除孔子自己著述之外，还有别的书可充研究孔子学说的资料，但很要分别审择。

《论语》

《论语》的价值，人人共知，不待说明。但有一点应注意，这部书大概是有子、曾子的门人共同编辑的。所以书中记别的弟子，虽颜渊、子路，也只是呼他的字，唯独此两人尊称曰子，而且第一章是记孔子的话，第二章便是有子的话，第三章是孔子的话，第四章便是曾子的话，可见是渊源有自了。我们为什么研究这些呢？因为孔门派别不同，一派所记，不见得能包举孔学真相。《荀子》说有子游氏之儒、子夏氏之儒、子张氏之儒（《非十二子》篇），《韩非子》说有八儒（《显学》篇）。据孟子说，"子夏、子游、子张以有若似圣人，欲以所事孔子事之，强曾子"，曾子不可；则曾子和有子不同派，似无疑义。子夏、子游、子张，或都是有子一派，也未可知。然而无论如何，这两派都不能完全代表孔学。所以《论语》这部书，虽然是很可宝贵的资料，却不能据它来抹杀别的资料。

《礼记》

《礼记》是七十子后学者所记，其中还许有汉人的手笔。平均算起来，价值自然比不上《论语》，但内中亦有比《论语》还强的。如《中庸》，如《礼运》，记许多孔子的话，都可以补《论语》所不及。其余各篇，凡引"子曰""子言"之诸文句，我们只好信任它，认为孔子所说。此外平叙泛论之文，虽或多半祖述孔子，但越发要别择了。《大戴礼记》性质和《礼记》一样，但较粗驳，价值又低一层。

《春秋》三传

《公》《穀》两传为口说传授、直接解释《春秋》之书，应认它全部为孔子学说。《左传》系记事之书，内中引孔子的话，也应绝对信任。

《孟子》《荀子》

孟、荀为儒家后起两大师，两书中所述孔子言论行事，应绝对信任。

其他先秦子书

儒家以外各子书，所述孔子言论行事，可信的程度自然较差，但也不可抹杀。内中如《庄子》，就有许多很有价值的资料，可惜寓言十九，别择颇难。《墨子》为孔学正面的反对派，凡它所引都是拿来做批评的资料，极当注意。

《史记》

《史记》为古代独一无二的史书。司马迁又是宗法孔子的人，他的话自然比较可信。但他选择资料并非十分严确，也不宜一一盲从。

其他汉以后书

这类书价值越减少了，内中董仲舒的《春秋繁露》、韩婴的《韩诗外传》、刘向的《说苑》《新序》，十成中有二三成可采。至于晚出的《孔子家语》《孔丛子》，应该绝对排斥。

孔子的学说①

学

《论语》头一句，说"学而时习之"，此外说"学"字的很多。到底孔子说的"学"是学个什么？怎么个学法？胡适之说孔子的学，只是读书，只是文字上传授来的学问（《中国哲学史大纲》第五章）。这话对吗？哀公问弟子孰为好学？孔子就举了一位颜回，还说"不幸短命死矣，今也则无，未闻好学者也"。我们在《易经》《论语》《庄子》里头看见好几条讲颜回的，但就是找不出他好读书的痕迹。他做的学问，是"屡空"，是"心斋"，是"克己复礼"，是"不改其乐"，是"不迁怒不贰过"，是"无伐善无施劳"，是"有不善未尝不知，知之未尝复行"，是"有若无，实若虚，犯而不校"，是"仰之弥高，钻之弥坚，瞻之在前，忽焉在后"，都与读书无关。若说学只是读书，难

---

① 本文节选自梁启超《孔子》。

道颜回死了，那三千弟子都是束书不观的人吗？孔子却怎说"未闻好学"呢？他自己说："吾十有五，而志于学。"难道他老先生十五岁以前，连读书这点志趣都没有吗？这章书跟着说"三十而立"……等句，自然是讲历年学问进步的结果，那"立""不惑""知命""耳顺""不逾矩"这种境界，岂是专靠读书能得的？所以我想，孔子所谓"学"，是要通过学来养成自己的人格。那学的门径，大略可分为二：一是内发的，二是外助的。孔子觉得外助方面，别的弟子都还会用功；内发方面，除了颜回，别人都没甚成绩，所以说"未闻好学"。至于外助的学问，也有多端，读书不过其一端。《易·象》所谓"多识前言往行以畜其德"，就是这一类的学问，然孔子并不十分重它。他说"多闻择其善者而从之，多见而识之，知之次也"，是说这类学问为次等的。又说："赐也，汝以予为多学而识之者与？"对曰："然。非与？"曰："非也。予一以贯之。"这分明说多读书死记，不是做学问的好方法了。至于《论语》里头的"学"字，可以当作读书解的，原也不少。这是因问而答，专明一义，不能掇拾三两句来抹杀别的。大抵孔子讲外助的学问，"博之以文，约之以礼"，算是两个紧要条件，然结果不过得个"亦可以弗畔"，原非学问的究竟。若专做"博学于文"一句，便连外助的学问也成了跛脚。所以他又说："行有余力，则以学文。"据此说来，读书倒变成了随意科，不是必要科了。这一段是我解释学个什么的问题。

一贯、忠恕

今试解释怎么学法的问题。方才引孔子告子贡的话，说自己不是"多学而识"，是"一以贯之"，到底"一"是个什么？怎么贯法？可惜孔子不曾说明，子贡也不曾追问。幸而孔子又有一天跑到曾子自修室里头，忽然说了一句："参乎，吾道一以贯之。"曾子答应一个字："唯。"他老先生一声不响就跑了。那些同学摸不着头脑，围着问曾子。曾子说出个"夫子之道，忠恕而已矣。"好了好了，知道"一贯"就是"忠恕"了。还有一回，子贡问："有一言而可以终身行之者乎？"孔子答："其恕乎？己所不欲，勿施于人。""恕"字是做学问最要紧的一个字。更明白了，却是又生出个问题：忠恕两个字怎么解法呢？拿忠恕怎么就能贯一切呢？这要从实践方面、智识方面来会通解释。朱子说"尽己之谓忠，推己及人之谓恕"，本来解得甚好，可惜专从实践伦理方面讲，未免偏了。《大戴礼·孔子三朝》记孔子说的"知忠必知中，知中必知恕，知恕必知外。……内思毕心曰知中，中以应实曰知恕，内恕外度曰知外"，章太炎引这段话，下一个解释说"周以察物

曰忠，心能推度曰恕"，也解得甚好，可惜专从研求智
识方面讲，又未免偏了。我想忠恕、一贯是要合这两方
面讲，两方面本来是可以会通的。在文"中心为忠"，
"如心为恕"。中心为忠，即是拿自己来做中坚的意
思。充分地从内面穷尽自己心理的功能，就是"内思毕
心"，就是"尽己"。《中庸》说"惟天下至诚，为
能尽其性"，又说"诚者自成也"。"诚"字就可当
"忠"字的训诂。毕心尽性自成，拿现在的流行语讲，
就是发展个性。从实践方面说，发展个性是必要；从
智识方面说，发展个性也是必要。这是忠的一贯。用
自己的心来印证，叫做如心。从实践方面说，是推己及
人；从智识方面讲，是以心度物（《声类》："以心
度物曰恕。"）。孟子说："古之人所以大过人者无他
焉，善推其所为而已矣。""推"字就是"恕"字的训
诂。从实践方面讲，将自己的心推测别人，照样地来待
他，就是最简易最高尚的道德。消极的推法是"施诸己
而不愿，亦勿施诸人"，是"所恶于上，毋以使下；所
恶于下，毋以事上；所恶于前，毋以先后；所恶于后，
毋以从前；所恶于右，毋以交于左；所恶于左，毋以交
于右"。积极的推法，是"己欲立而立人，己欲达而达
人"，是"老吾老，以及人之老；幼吾幼，以及人之
幼"。从智识方面讲，将已知的事理，推到未知的事
理，就是最有系统的学问。演绎的推法，是"举一隅则

以三隅反",是"闻一以知二","闻一以知十";归纳的推法(日本高山林次郎著的《论理学》说归纳法亦是推论),是"好问而好察迩言",是"察言而观色,虑以下人",是"文理密察足以有别",是"本诸身,征诸庶民",是"能近取譬"。如此实践方面、智识方面都拿恕的道理来应用,就是恕的一贯。

有人问:"据此说来,不是一以贯之,是两以贯之了。"其实不然。因为人类是同的,所以孟子说:"至于心独无所同然乎?"心既有所同然,所以发达自己个性,自然会尊重别人的个性,所谓"能尽其性则能尽人之性",故即忠即恕。又非尊重别人的个性,不能完成自己的个性,所谓"不明乎善不诚其身",所以即恕即忠。"忠""恕"两字,其实是一事,故说一以贯之。后来荀子说的"以一持万",就是这个意思。

仔细看来,孔子讲学问,还是实践方面看得重,智识方面看得轻。他拿学与思对举,说道:"学而不思则罔,思而不学则殆。"有人拿康德讲的"感觉无思想是瞎的,思想无感觉是空的"这句话来解释他。果然如此,那思与学都是用来求智识了。我说不然。孔子说的思,算得是求智识的学问;说的学,只是实行的学问,和智识没有什么关系。所以他屡说的"学而不厌,诲人不倦",有一回却说"为之不厌,诲人不倦",可见得学只是为了"学而不思则罔",是说若只务实行不推求所以要实行之故，便是盲从。"思而不学则殆"，是说若仅有智识不求实行，便同贫子说金，终久是空的。所以两样不可偏废。但他又说："吾尝终日不食，终夜不寝，以思无益，不如学也。"这分明说实行比智识更重要了。所以求智识的学问，到墨子、荀子之后才发达，孔子学说在这里头，占不着重要位置。

仁、君子

前文说孔子所谓学，只是教人养成人格。什么是人格呢？孔子用一个抽象的名来表示它，叫做"仁"；用一个具体的名来表示它，叫做"君子"。

《中庸》《表记》都说"仁者，人也"，孟子亦说"仁也者，人也"，这是"仁"字最确切的训诂。在文，"仁"从二人，是有两个人才表示出"仁"字的意思。所以郑康成解"仁者，人也"，他说人"人也，读如相人偶之人"（《礼记·中庸》注）。"相人偶"的"人"字，汉朝有什么别的读法，虽不可考，但"相人偶"三个字却好极了。"偶"就是"耦而耕"的"耦"。"相人偶"，是人与人相互的意思。人与人相互，才能证现出一个抽象的人格（即仁）。曲尽人与人相互之道，人格才算完成，才可以算得一个人。《论语》中许多"仁"字；各人问仁，孔子答的都不同。若懂得"仁"字是人格的抽象名词，句句都通了。若从旧说，只说仁是"爱人"，便到处窒碍。"仁者不忧"，为什么爱人的人便无愁呢？"仁者，其言也讱"，难道爱人的人一定要少讲话吗？"颜渊问仁"，孔子答"克己复礼"；"仲弓问仁"，孔子答"如见大宾""如承大祭"，这又和爱人有什么关系呢？可见孔子说的仁，只是教人怎样做人，只是教人能尽其性，能尽其性，自然能尽人之性。《论语》中说出仁的内容有种种，都是完成人格必要的条件。

孔子有个理想的人格，能合着这种理想的人，起个名叫做"君子"。我记得五年前曾在贵校演讲过一次，题目是《孔子之人格教育与君子》，谅来各位还有听过记得的。今且把它简单重述一遍。"君子"这个名词，和英语的Gentleman最相类。Gentleman要想下个恰当的训诂，极不容易，因为它是表示一种崇高优美的人格，所以内容包含得很丰富。孔子说的君子，正是如此。君子、小人从前不过为区别阶级地位的名词（如《孟子》之君子、野人），后来渐变为区别品格的名词。孔子指出种种标准，作为人格的模楷。能合这标准，才许他是君子。他的标准是哪些呢？因为孔子的话，多半是弟子记述传下来，大都是因人施教，所以没有个有系统的标准。我们想求得它，最好是先将《易经》六十四条的卦象传，"君子以自强不息""君子以厚德载物”“君子以……”“君子以……”都录下来，再将《论语》所说的君子全数录出，再将《礼记》及他书引孔子讲君子的话简择录出，然后分类排比，列为纲目，或者可以求出个总标准来。要之孔子之教，是要人践履这人格的标准，人人有士君子之行。而《公羊传》是孔子最后的理想。

孔子讲的人格标准，凡是人都要遵守的，并不因地位的高下生出义务的轻重来。常人开口便说：“孔子之教是三纲五伦。”这话很要仔细考究。五伦说是孔子所有，三纲说是孔子所无。诸君不信，试将孔子自著的书和七十子后学者记孔子的话一字不漏地翻读一遍，看是否有“君为臣纲、父为子纲、夫为妻纲”这种片面的伦理学说。我们只听见孔子说：“父父子子，兄兄弟弟，夫夫妇妇，而家道正。”（《易·象·家人卦》）我们只听见孔子说：“君君臣臣，父父子子。”（《论语》）还听见董仲舒解这两句话，说道：“父不父则子不子，君不君则臣不臣耳。”（《春秋繁露·玉杯》）倒像责备臣子较宽，责备君父反较严了。孔子说的“君君臣臣，父父子子”，是从“仁者人也”“人者人也”演绎出来。既做人便要尽人道，在人里头做了君，便要尽君道，做了臣便要尽臣道，“为人君，止于仁；为人臣，止于敬；为人子，止于孝；为人父，止于慈；与国人交，止于信”。全然是相互的关系，如此才是“相人偶"。所以孔子所说，是平等的人格主义。

礼

孔门教的普通学，就是礼乐。为什么如此注重它呢？因为认它是涵养人格的利器。

礼的起原本甚古，但到孔子时，意义已经屡变，范围愈扩愈大。从训诂上，可以考出它的变迁：

狭义的礼："礼，所以事神致福。从示从丰，丰亦声。"（《说文》）

广义的礼："礼者，履也。"（《尔雅》《说文》《礼记·仲尼燕居》《祭义》《荀子·大略》）

最广义的礼："礼者，理也。"（《礼记·乐记》《礼记·仲尼燕居》《荀子·礼论》）

"礼"字本义，不过从祭器出来，所以《礼运》说："礼所以傧鬼神。"又说："礼之初始诸饮食，共燔黍捭豚，污尊而抔饮，犹若可以致其敬于鬼神。"可知最古的礼，不过是宗教上一种仪式。凡初民种种制度，大半从宗教仪式增广蜕变而来。例如印度的《摩奴法典》本是教规，后来变成法律。我国的礼也是这样，渐渐把宗教以外一切社会习惯都包含在礼的范围内，"礼"字成了人人当践履的意义。所以《易·象》说："非礼弗履。"《祭义》说："礼者，履此者也。"

《荀子·大略》说："礼者，人之所履也。"《尔雅·释言》亦说："履，礼也。"礼变成一切行为的轨范了。古代政教合一，宗教上的仪典和国家社会的法制，往往合为一炉，无甚分别。历代帝王常采集社会上公认的行为规范，编成一代的礼。所以说"非天子不议礼，不制度"（《礼记·中庸》），说"三王异世不相袭礼"（《礼记·乐记》）。所以有夏礼、商礼、周礼种种不同。（《论语》）到这时候，礼的性质，和法律差不多，成为社会上一种制裁力。所以《左传》里头，替"礼"字下了许多解说：

夫礼，所以整民也。（《庄二十三年》曹刿语）

礼，国之干也……礼不行则上下昏，何以长世？（《僖十一年》内史过语）

礼，政之舆也。（《襄二十一年》叔向语）

礼，王之大经也。（《昭十五年》叔向语）

夫礼，天之经也，地之义也，民之行也。（《昭二十五年》子太叔述子产语）

此皆孔子以前贤士大夫对于礼的观念。到了孔门，此种观念，益加发达。如：

礼者，君之大柄也。（《礼记·礼运》）

礼者，人主之所以为群臣寸尺寻丈检式也。（《荀子·儒效》）

礼者，法之大分，类之纲纪也。（《荀子·劝学》）

据此看来，礼的性质，简直与法无甚差别。虽然，有很不同的一点，是：

礼者禁于将然之前，而法者禁于已然之后。（《大戴礼·礼察》）

所以又说："出于礼者入于刑。"当孔子时，法家学派虽未完全成立，然法治与礼治两种主义之优劣，在士大夫中已成为问题。观叔向、子产辩论之言可见。（《左传·昭六年》）孔子是绝对的主张礼治反对法治的人，所以说：

道之以政，齐之以刑，民免而无耻；道之以德，齐之以礼，有耻且格。（《论语》）

孔子的意思，以为（一）法不过事后消极的裁制，礼才是事前积极的裁制，直接的效果，已经悬殊。（二）法的裁制力是他动，礼的裁制力是自动，间接的效果，影响非巨。所以说：

礼云礼云，贵绝恶于未萌，而起敬于微眇，使民日徙善远罪而不自知也。（《大戴礼·礼察》）

孔子以为，礼的作用可以养成人类自动自治的良习惯，实属改良社会的根本办法。他主张礼治的主要精神在此。然则礼为什么能有这种作用呢？他说：

礼者，因人之情而为之节文以为民坊者也。

（《礼记·坊记》）

礼所以能发生作用，最重的要素是因人之情。《礼运》有几段说得最好：

> 何谓人情？喜怒哀惧爱恶欲七者弗学而能。

> 饮食男女，人之大欲存焉。死亡贫苦，人之大恶存焉。故欲恶者，心之大端也。人藏其心，不可测度也……欲一以穷之，舍礼何以哉！

宋以后儒者，都说人欲是不好的，是应该屏绝的。孔门却不然，他的礼教，就是从情欲的基础上建设出来。但他以为情欲虽不可无，却是要节。《乐记》说：

> 人生而静，天之性也。感于物而动，性之欲也。物至知知，然后好恶形焉。好恶无节于内，知诱于外，不能反躬，天理灭矣。夫物之感人无穷，而人之好恶无节，则是物至而人化物也。

《荀子》亦说：

> 礼起于何也？曰：人生而有欲，欲而不得则不能无求，求而无度量分界则不能不争，争则乱，乱则穷。先王恶其乱也，故制礼义以分之，以养人之欲给人之求，使欲必不穷乎物，物必不屈于欲。

（《礼论》篇）

论对于外感的节制，这两段说得最为精到。还有对于内发的节制，子游说：

> 有直道而径行者，戎狄之道也。礼道则不然。

人喜则斯陶，陶斯咏，咏斯犹（郑注："犹，当为摇。"），犹斯舞；愠斯戚，戚斯叹，叹斯辟（郑注："辟，拊心也。"），辟斯踊矣。品节斯，斯谓礼。

礼的最大作用，就是个节字。所以《荀子·大略》说："礼，节也。"《乐记》亦说："礼节民心。"《中庸》说："喜怒哀乐发而皆中节。"靠的就是这个。《韩非子·解老》说："礼者，外节之所以谕内也。"算得"礼"字最简明确切的训诂了。

以上所引，虽不全是孔子亲说的，但孔子礼教的精意，确是如此。孔子既已把礼的观念扩充得如此其大，自然不是从前的仪式所能限制。所以《礼运》说：

礼也者，义之实也。协诸义而协，则礼虽先王未之有，可以义起也。

既于仪式之外，别有抽象的礼意，那仪式的礼，倒反不必拘泥了。所以《左传》记：

子太叔见赵简子，简子问揖让周旋之礼。对曰：是仪也，非礼也。（《昭二十五年》）

可见当时讲礼，已有弃形式取精神的倾向。孔子说："礼云礼云，玉帛云乎哉？"最可以表现这种精神。

子太叔引子产的话，说礼是"天之经、地之义、民之行"，"礼"字的意义，已经不是"履也"所能包举了。到《乐记》，更说：

礼也者，理之不可易者也。

这算是礼的最广义了。孔子答颜渊，说："克己复礼为仁。"这个"礼"字，应从最广义解。

孔门重礼教的缘故，除了以上所述外，还有一个重大的理由，是拿习礼当作一种体育。《礼运》说：

礼，所以固肌肤之会、筋骸之束也。

这话怎么讲呢？孔子说：

庄敬日强，安肆日偷，君子不以一日使其躬儳焉如不终日。

孔子以为人若常常把精神提起，体魄自然强壮，若散散漫漫过日子，便养成偷惰的习惯，整个人变成暮气了。习礼以庄敬为主，最能抖擞精神，所以说"固肌肤之会、筋骸之束"。"仲弓问仁"，孔子告以"出门如见大宾，使民如承大祭"，又告子张说"无大小，无众寡，无敢慢"，都是这个意思。对什么人对什么事，都无敢慢，是修养身心最好的方法。这就叫做"约之以礼"。（约是约束之意。）

孔子既已认礼是一种体育，所以常常要习它。但习的到底是哪几种礼呢？《中庸》说"礼仪三百威仪三千"，这些都是什么，如今没有考据。但就现存的《礼经》十七篇而论，天子诸侯朝聘燕享那部分，当然是不习的；丧礼那部分，当然是不习的；冠昏祭那几部分，怕也不好习。然则孔门习的是什么？我想最通行的就是乡饮酒礼和射礼。《史记·孔子世家》说汉时的儒生还常常习礼乡饮大射于孔子冢。《礼记·射义》记"孔子射于矍相之圃，盖观者如堵墙"。大概这两种礼是孔门当习的。两种都是团体运动，射礼分耦还含有团体竞争意味。孔子说："君子无所争，必也射乎？"我想孔子生在今日，定然是打球大家。那时若有学校联合运动会，那些阙党童子军怕总要夺标哩。

乐

前面讲孔子正诗正乐，可见孔子原是一位大音乐家了。他不但自己嗜好，还拿来做他学堂里的必修科目。他如此重乐，有什么理由呢？《乐记》一篇，发挥得最透彻。《乐记》下乐的定义，说道：

> 夫乐者，乐也，人情之所不能免也。乐必发于声音，形于动静……性术之变尽于此矣。

这是说明乐之本质，就是人类好快乐的本性。这种本性发表在声音动静上头，叫做音乐。又说：

> 凡音之起，由人心生也。人心之动，物使之然也。感于物而动，故形于声；声相应，故生变；变成方，谓之音。比音而乐之，及干戚羽旄，谓之乐。

这一段说音乐的起源由于心物交感，是从心理学上寻出音乐的基础。又说：

> 乐者……其本在人心之感于物也。是故其哀心感者，其声噍以杀；其乐心感者，其声啴以缓；其喜心感者，其声发以散；其怒心感者，其声粗以厉；其敬心感者，其声直以廉；其爱心感者，其声和以柔。六者非性也，感于物而后动。

> 夫民有血气心知之性，而无哀乐喜怒之常，应感起物而动，然后心术形焉。是故志微噍杀之音作，而民思忧；啴谐慢易繁文简节之音作，而民康乐；粗厉猛起奋末广贲之音作，而民刚毅；廉直劲正庄诚之音作，而民肃敬；宽裕肉好顺成和动之音作，而民慈爱；流辟邪散狄成涤滥之音作，而民淫乱。

> 凡音者，生人心者也……治世之音安以乐，其政和；乱世之音怨以怒，其政乖；亡国之音哀以思，其民困。声音之道，与政通矣。

这三段，前一段是说明音乐生于人心的道理，后两段是说明音乐生人心的道理。就一方面看，音乐是由心理的交感产生出来的，所以某种心感触，便演出某种音乐；就别方面看，音乐是能转移人的心理的，所以某种音乐流行，便造成某种心理。而这种心理的感召，不是个人的，是社会的，所以音乐关系到国家治乱、民族兴亡。所以做社会教育事业的人，非从这里下工夫不可。

这种议论，自秦汉以后，竟没有人懂。若不是近来和欧美接触，我们还说是谬悠夸大之谈哩。

《乐记》这篇书，原是七十子后学者所记，并非孔子亲说。《荀子》里头有《乐论》篇，说得大同小异，但稍为简略。或者这篇书，竟是荀子作的，亦未可定。但这种学理总是孔门传授下来的，所以我们可以认它做孔子学说的一部分。

正乐是孔子一生大事业，今日乐谱都已失传，更从何处论起？但我们可以想见孔门礼教、乐教，实有相反相成之妙。《乐记》中说："礼节民心，乐和民声。"礼的功用，在谨严收敛；乐的功用，在和悦发舒。两件合起来，然后陶养人格，日起有功。《乐记》又说：

> 致乐以治心者也，致礼以治躬……心中斯须不和不乐，而鄙诈之心入之矣；外貌斯须不庄不敬，而易慢之心入之矣。

读此，可以知孔门把礼乐当必修科的用意了。就论体育上，乐的功用，也不让于礼，因为古人乐必兼舞。《乐记》又说：

> 诗，言其志也；歌，咏其声也；舞，动其容也。三者本于心，然后乐器从之。是故情深而文明，气盛而化神。

舞的俯仰疾徐和歌的抑扬抗坠，不独涵养性灵，而且于身体极有益，这也是礼乐交相为用的事。

　　我想孔子若在今日当教育总长，一定要像法国样子，将教育部改为教育美术部，把国立剧场和国立学校看得一样的重。他若在社会上当个教育家，一定是改良戏曲，到处开音乐会，忙个不了。他的态度如此，所以那位专讲实用主义的墨子，看着莫名其妙，说他教人贪顽废事，做出三篇《非乐》的大文来骂他，却哪里懂得孔子人格教育的精意呢！

名

　　后人常称孔教做名教，这话并不错。但为什么叫做名教呢？却忘其所以然。我们细读《论语》，就可以明白。《论语》有一章，记：

　　　　子路曰："卫君待子而为政，子将奚先？"子曰："必也正名乎！"子路曰："有是哉，子之迂也。奚其正？"子曰："野哉由也。君子于其所不知，盖阙如也。名不正，则言不顺；言不顺，则事不成；事不成，则礼乐不兴；礼乐不兴，则刑罚不中；刑罚不中，则民无所措手足。故君子名之必可言也，言之必可行也。君子于其言，无所苟而已矣。"

　　这一章书，骤读过去很有点难懂，名不正的结果，何至就闹到"礼乐不兴""刑罚不中""民无所措手足"呢？怕未免有点张大其词罢。试看荀子、董子的解释就可以明白。荀子说：

> 今圣王没，名守慢，奇辞起，名实乱，是非之形不明，则虽守法之吏，诵数之儒，亦皆乱也。……异形离心交喻，异物名实玄纽。……如是则志必有不喻之患，而事必有困废之祸。（《荀子·正名》）

董子说：

> 名生于真，非其真，弗以为名。名者，圣人之所以真物也。……欲审曲直，莫如引绳；欲审是非，莫如引名。名之审于是非也，犹绳之审于曲直也。诘其名实，观其离合，则是非之情不可以相谰已。（《春秋繁露·深察名号》）

欲明白正名的要紧处，最好拿眼前的事实来举个例。譬如有人说共和是不好的，问他什么不好？他说你看中国共和了九年，闹成什么样子？这段话骤然听去，像是有理，其实不然。我们先要知道共和的实质是怎么样，再要问这九年来的中国，是否和共和实质相符。把这九年来的中国说他是共和，这就是非其真而以为名，这就是异物名实互纽。又如现在讲联邦，讲自治，若不先把联邦、自治的名实弄到正确，那么，几位督军私自勾结的几省联盟，也要自命为联邦，几位政客也可以设起联省政府来；那么，官僚运动做本省省长，便说是自治。又如讲马克思的共产主义，若不把名实弄得正确，那么，兵大爷组织兵变队，挨门坐抢，他可以说自己是蓝宁①，是杜洛兹奇②。这就是董子说的"相谰"。在这种名实混淆的状态之下，是非是无从论起的。譬如我们说："狗是有义气的动物。"若不先定了界说，什么是狗，看见一个狐来，你说这种狗没有义气，不是把人闹糊涂了吗！所以"志必有不喻之患，而事必有困废之祸"，这就是"名不正，则言不顺；言不顺，则事不成"。孔子又说"恶紫之夺朱，恶郑声之乱雅乐"，又说"恶似而非者，恶莠恐其乱苗……恶乡愿恐其乱德"（《孟子》引），都是所以提倡正名的缘故。

老子以为名者起于人类之分别心。这种分别心，是各人不同，各时不同，各地不同，所谓正确不正确，实无从得公共标准。故主张一切废去，复归于无名之朴。孔子以为名是终久废不掉的；既已废不掉，若听他囫囵杂糅，一定闹到言不顺事不成，所以公共标准是必要的。标准怎样才能正确才能公认呢？孔子以为是政府的责任。所以子路问"为政奚先"，孔子答以"正名"。《荀子·正名》说"若有王者起，必将有循于旧名，有作于新名"，就是这个意思。孔子若乘时得位，一定先

---

① 即列宁。

② 即托洛茨基。

办此事。后来道既不行，晚年乃著《春秋》，就是用极谨严的名，表示极复杂的义。所以庄子说："《春秋》以道名分。"（《庄子·天下》）董子说："《春秋》辨物之理以正其名。名物如其真，不失秋毫之末。"（《春秋繁露·深察名号》）所以孔子正名主义的实行，自然在《春秋》一书。

孔子为什么把正名主义看得如此其重呢？因为把名正了，然后主观方面可以顾名思义，客观方面可以循名责实。例如"君君臣臣父父子子"，先要知道"君臣父子"四个名词里头含有什么意义，然后君要做个真君，臣要做个真臣……那么，社会秩序也跟着正了。像当时子路所问"待子为政"的卫君——出公辄，是"子不子"，其父蒯聩也是"父不父"，孔子以为正名就可以救这些流弊。

孔子的正名主义，对于改良社会有多少效果，我们不敢说，但在学问知识上却有很大影响。因为名实问题，是孔子头一个提出，此后墨子、惠施、公孙龙、荀卿乃至其他诸子，都从这问题上生出许多学问来。质而言之，当时所谓名学即论理学，是孔子最先注意的。虽所说不如后人之精，那创始的功劳，也很大了。孔子固认名有许多功用，所以很奖励立名。《易·文言》说："不易乎世不成乎名。"《论语》说："君子去仁，恶乎成名？"又说："君子疾没世而名不称焉。"宋儒说好名是件不好的事，孔子却不然：名是不妨好的，不过"声闻过情，君子耻之"，因为过情的声闻，已经名实混淆，和正名主义正相反了。

性命

《易·象》有"乾道变化各正性命"。"性命"二字成了学问上的问题，自此始。但孔子言命较多（《论语》称"子罕言命"，实非甚罕），言性较少。子贡说："夫子之言，性与天道，不可得而闻。"性与天道殆孔子所自证，不甚拿来教一般学者，所以不得而闻。《论语》言性，有"性相近也，习相远也"，"惟上智与下愚不移"两章。其言既极浑括，远不如后来孟、荀之精密，盖由孔子不甚以此教人。至于言命，则所在多有。孔子自言："五十而知天命。"又说："不知命无以为君子。"又说："道之将行也欤？命也。道之将废也欤？命也。公伯寮，其如命何！"又说："天生德于予，桓魋其如予何！"又说："天之未丧斯文也，匡人其如予何！"诸如此类，正中屡见，可见知命主义，在孔子学说中，实占极重要的位置。所以墨子反对孔学，特标《非命》为一种旗帜。

命是个什么呢？孔子说命，常与天连举，像是认命为天所造。其实不然。庄子引孔子的话，很有几处解释

"命"字意义:

> 仲尼曰:"子之爱亲,命也,不可解于心。"
（《庄子·人间世》）

> 仲尼曰:"死生,存亡,穷达,贫富,贤与不肖,毁誉,饥渴,寒暑,是事之变,命之行也。日夜相代乎前,而知不能规乎其始者也。"（《庄子·德充符》）

据此可知孔子所谓命,是指那自然界一定法则,不能拿人力转变者而言。他有时带说个天字,不过用来当作自然现象的代名词,并非像古代所说有意识的天。"五十而知天命"句,皇侃疏云:"天本无言,而云有所命,假之言也。"这话最通。若作基督教的上帝默示解,便非孔子之意了。

然则知命主义的价值,怎么样呢?我说有好处亦有坏处。好处是令人心境恬适;坏处是把人类进取的勇气减少。孔子说:

> 自事其心者,哀乐不易施乎前,知其不可奈何而安之若命,德之至也。（《庄子·人间世》）

这段话讲知命的作用,最为精透。"自事其心",是自己打叠自己的心境,死生穷达毁誉饥渴等等事变,虽"日夜相代乎前",我心的哀乐,却叫他"不易施乎前"。怎样才能做到呢?最好是"安之若命"。这"若"字极要注意。命的有无,且不必深管,只是假定他是有，拿来做自己养心的工具。得了这种诀窍，所以能"遁世无闷，不见是而无闷，乐则行之，忧则违之，确乎其不可拔。"（《易·文言》）所以能"不怨天不尤人"（《论语》），所以能"饭疏食饮水，曲肱而枕之，乐亦在其中"（《论语》）。这是孔子自己学问得力所在，也常常拿来教人。所以《论语》首章说"人不知而不愠，不亦君子乎"，末章说"不知命无以为君子"，意义正相衔接，实是孔子修养人格的重要学说。

孔子说的知命，本来没有什么大流弊，因为他乐行忧违，还带着确乎不拔；他遁世无闷，还带着独立不惧（《易·象》）。可见得并不是做命的奴隶了。虽然，孔子终是崇信自然法太过，觉得天行力绝对不可抗。所以总教人顺应自然，不甚教人矫正自然、驾驭自然、征服自然。原来人类对于自然界，一面应该顺应他，一面应该驾驭他。非顺应不能自存，非驾驭不能创造。中国受了知命主义的感化，顺应的本能极发达，所以数千年来经许多灾难，民族依然保存，文明依然不坠。这是善于顺应的好处。但过于重视天行，不敢反抗，创造力自然衰弱，所以虽能保存，却不能向上。这是中华民族一种大缺点，不能不说是受知命主义的影响。所以墨子非命，实含精意。至于误解知命主义的人，一味委心任运，甚至造出种种邪说诬民的术数，那更不是孔子的本意了。

鬼神、祭祀

孔子教人，说的都是世间法，不是出世法。所以"季路问事鬼神"，子曰："未能事人，焉能事鬼？""敢问死？"曰："未知生，焉知死？"这是对于现世以外的事，纯然持消极的态度。然则孔子到底主张有鬼呀，还是主张无鬼？我说：孔子所持是相对的无鬼论。他以为鬼并不是没有，但不过由我们的业识造出来。孔子说的鬼神，全是哲学上的意义，没有宗教上的意义。《易·系辞》说：

> 精气为物，游魂为变，是故知鬼神之情状。

这几句话最精到。"精气为物"，说的是鬼之情状；"游魂为变"，说的是神之情状。"鬼者归也"，精气是有形的，即佛法中之色蕴。《圆觉经》说："骨肉归地，血唾归水，暖气归火，动转归风。人之色身，四大合成，死后还归四大。"举精气则毛发骨血等都包在内，地水火风，各有它的原素，据近世科学的理论，知道物质不灭，所以说"精气为物"；游魂是无形的，即佛法中之"受想行识"四蕴，常为业力所持，流转诸趣，所以说"游魂为变"（参考章炳麟著《菿汉微言》）。孔子说的鬼神情状是如此，直可以谓之绝对的无鬼论。然则他为什么又极重祭礼呢？自来圣哲施教，每因当时习俗而利导之。《易·象》说：

圣人以神道设教，而天下服矣。

当时民智幼稚，而且古代迷信，深入人心，一时不易革去，所以孔子利用祭礼为修养人格改良社会的一种手段。但孔子虽祭，并不认定是有神，所以只说："祭如在，祭神如神在。"又说："洋洋乎，如在其上，如在其左右。"这分明是主观的鬼神，不是客观的鬼神了。

为什么祭礼可以为修养人格的手段呢？他的作用就在斋戒。《礼记·祭统》说：

> 齐（斋）之为言齐也，齐不齐以致齐者也。是故君子非有大事也，非有恭敬也，则不齐；不齐则于物无防也，耆欲无止也。及其将齐也，防其邪物，讫其耆欲。心不苟虑，必依于道；手足不苟动，必依于礼。是故君子之齐也，专致其精明之德也。……定之之谓齐。齐者精明之至也，然后可以交于神明也。

观此，可知斋戒实为养心最妙法门。《易·系辞》说："圣人以此斋戒，以神明其德。"就是此意。斋戒原不必定要祭祀才有，凡有大事有恭敬皆须斋戒。（《孟子》："弟子斋宿而后敢言。"《庄子》："斋，吾语汝。"）但祭礼的斋戒，总算最通行，所以孔子很提倡它。譬如每年有几次大祭祀，祭前都须斋戒一回。斋的时候，节省思虑，休养精神。这是和基督清教徒严守安息日同一作用，于锻炼身心修养人格，实甚有益。

为什么祭礼可以为改良社会的一种手段呢？前次曾经讲过，孔子的祭礼，是由祈主义变为报主义，全是返本报始不忘其初的意思。"万物本乎天"，所以祭天；"人本乎祖"，所以祭祖；使之必报之，所以有群祀。孔子说：

> 慎终追远，民德归厚矣①。

祭礼最大作用，不外是使民德归厚。所以孔子又说："明乎郊社之礼，禘尝之义，治国其如示诸掌乎！"（《中庸》）都是说靠祭礼唤起人民报本的观念，风俗自然淳厚，政治自然易办。若不明此意，《中庸》的话便解不通了。所以孔子的祭，实含有举行纪念祝典的意味，有鬼无鬼倒不十分成问题。所以说："敬鬼神而远之。"又说："非其鬼而祭之，谄也。"

---

① 编者按：此句《论语》作"曾子曰"。

孔子的人格①

我屡说孔学专在养成人格。凡讲人格教育的人，最要紧是以身作则，然后感化力才大。所以我们要研究孔子的人格。

孔子的人格，在平淡无奇中现出他的伟大，其不可及处在此，其可学处亦在此。前节曾讲过，孔子出身甚微。《史记》说"孔子贫且贱"，他自己亦说"吾少也贱"（孟子说孔子为委吏乘田，皆为贫而仕）。以一个异国流寓之人，而且少孤，幼年的穷苦可想，所以孔子的境遇，很像现今的苦学生，绝无倚靠，绝无师承，全恃自己锻炼自己，渐渐锻成这么伟大的人格。我们读释迦、基督、墨子诸圣哲的传记，固然敬仰他们的为人，但总觉得有许多地方，是我们万万学不到的。唯有孔子，他一生所言所行，都是人类生活范围内极亲切有味的庸言庸行，只要努力学他，人人都学得到。孔子之所以伟大就在此。

---

① 本文节选自梁启超《孔子》。

近世心理学家说，人性分智（理智）、情（情感）、意（意志）三方面。伦理学家说，人类的良心，不外由这三方面发动。但各人各有所偏，三者调和极难。我说，孔子是把这三件调和得非常圆满，而且他的调和方法，确是可模可范。孔子说"知仁勇三者，天下之达德"，又说"知者不惑，仁者不忧，勇者不惧"。知，就是理智的作用；仁，就是情感的作用；勇，就是意志的作用。我们试从这三方面分头观察孔子。

知的生活

孔子是个理智极发达的人。无待喋喋，观前文所胪列的学说，便知梗概。但他的理智，全是从下学上达得来。试读《论语》"吾十有五"一章，逐渐进步的阶段，历历可见。他说"我非生而知之者，好古敏以求之者也"，又说"十室之邑，必有忠信如丘者焉，不如丘之好学也"。可见孔子并不是有高不可攀的聪明智慧。他的资质，原只是和我们一样；他的学问，却全由勤苦积累得来。他又说："君子食无求饱，居无求安，敏于事而慎于言，就有道而正焉。可谓好学也已矣。"解释好学的意义，是不贪安逸，少讲闲话，多做实事；常常向先辈请教，这都是最结实的为学方法。他遇有可以增长学问的机会，从不肯放过：郯子来朝便向他问官制；

在齐国遇见师襄，便向他学琴；入太庙，便每事问。那一种遇事留心的精神，可以想见。他说："学如不及，犹恐失之。"又说："学之不讲……是吾忧也。"可见他真是以学问为性命，终身不肯抛弃。他见老子时，大约五十岁了，各书记他们许多问答的话，虽不可尽信，但他虚受的热忱，真是少有了。他晚年读《易》，"韦编三绝"，还恨不得多活几年，好加功研究。他的《春秋》，就是临终那一两年才著成。这些事绩，随便举一两件，都可以鼓励后人向学的勇气。像我们在学堂毕业就说我学问完成，比起孔子来，真要愧死了。他自己说："其为人也，发愤忘食，乐以忘忧，不知老之将至云尔。"可见他从十五岁到七十三岁，无时无刻不在学问之中。他在理智方面，能发达到这般圆满，全是为此。

情的生活

凡理智发达的人，头脑总是冷静的，往往对于世事，作一种冷酷无情的待遇。而且这一类人，生活都会单调性，凡事缺乏趣味。孔子却不然。他是个最富于同情心的人，而且情感很易触动。"子食于有丧者之侧，未尝饱也"，"子见齐衰者，虽狎必变……凶服者式之"。可见他对于人之死亡，无论识与不识，皆起恻隐，有时还像神经过敏。朋友死，无所归，子曰"于我殡"。孔子之卫，遇旧馆人之丧，入而哭之，一哀而出涕。颜渊死，子哭之恸。这些地方，都可证明孔子是一位多血多泪的人。孔子既如此一往情深，所以哀民生之多艰，日日尽心，欲图救济。当时厌世主义盛时，《论语》所载避地避世的人很不少。那长沮说："滔滔者，天下皆是也。而谁以易之？"孔子却说："鸟兽不可与同群，吾非斯人之徒与而谁与？天下有道，丘不与易也。"可见孔子栖栖皇皇，不但是为义务观念所驱，实从人类相互间情感发生出热力来。那晨门虽和孔子不同道，他说"是知其不可而为之者与"，实能传出孔子心事。像《论语》所记那一班隐者，理智方面都很透亮，只是情感的发达，不及孔子。（像屈原一流情感又过度发达了）

孔子对于美的情感极旺盛，他论《韶》《武》两种乐，就拿尽美和尽善对举。一部《易传》，说美的地方甚多（如乾之"以美利利天下"，如坤之"美在其中"）。他是常常玩领自然之美，从这里头，得着人生的趣味。所以他说"天何言哉？四时行焉，百物生焉，天何言哉"，说"知者乐水，仁者乐山"。曾点言志，说"浴乎沂，风乎舞雩，咏而归"，孔子喟然叹曰"吾与点也"。为什么叹美曾点，因为他的美感，能唤起人趣味生活。孔子这种趣味生活，看他笃嗜音乐，最能证明。在齐闻《韶》，闹到三月不知肉味，他老先生不是成了戏迷吗？"子于是日哭，则不歌"，可见他除了有特别哀痛时，每日总是曲子不离口了。"子与人歌而善，必使反之而后和之"，可见他最爱与人同乐。孔子因为认趣味为人生要件，所以说"不亦说乎"，说"乐以忘忧"，说"知之者不如好之者，好之者不如乐之者"。一个"乐"字，就是他老先生自得的学问。我们从前以为他是一位干燥无味方严可惮的道学先生，谁知不然。他最喜欢带着学生游泰山游舞雩，有时还和学生开玩笑呢（夫子莞尔而笑……前言戏之耳）。《论语》说"子温而厉，威而不猛，恭而安"，正是表现他的情操恰到好处。

意的生活

凡情感发达的人，意志最易为情感所牵，不能强立。孔子却不然，他是个意志最坚定强毅的人。齐鲁夹谷之会，齐人想用兵力劫制鲁侯，说孔丘知礼而无勇，以为必可以得志。谁知孔子拿出他那不畏强御的本事，把许多伏兵都吓退了。又如他反对贵族政治，实行堕三都的政策，非天下之大勇，安能如此？他的言论中，说志说刚说勇说强的最多。如"三军可夺帅也，匹夫不可夺志也"，这是教人抵抗力要强，主意一定，总不为外界所摇夺。如"君子和而不流，强哉矫；中立而不倚，强哉矫；国有道，不变塞焉，强哉矫；国无道，至死不变，强哉矫"，都是表示这种精神。又说"志士仁人，无求生以害仁，有杀身以成仁"，又说"志士不忘在沟壑，勇士不忘丧其元"，教人以献身的观念。为一种主义或一种义务，常须存以身殉之之心。所以他说"仁者必有勇"，又说"见义不为无勇也"。可见讲仁讲义，都须有勇才成就了。孔子在短期的政治生活中，已经十分表示他的勇气，他晚年讲学著书，越发表现这种精神。他自己说"学而不厌，诲人不倦"，这两语看似寻常，其实不厌不倦，是极难的事。意志力稍为薄弱一点的人，一时鼓起兴味做一件事，过些时便厌倦了。孔子既已认定学问教育是他的责任，一直到临死那一天，丝毫不肯松劲。不厌不倦这两句话，真当之无愧了。他赞《易》，在第一个乾卦，说"天行健，君子以自强不息"，自强是表意志力，不息是表这力的继续性。

以上从知情意即知仁勇三方面分析综合，观察孔子。试把中外古人，别的伟人哲人来比较，觉得别人或者一方面发达的程度过于孔子，至于三方面同时发达到如此调和圆满，直是未有其比。尤为难得的，是他发达的径路，很平易近人，无论什么人，都可以学步。所以孔子的人格，无论在何时何地，都可以做人类的模范。我们和他同国，做他后学，若不能受他这点精神的感化，真是自己辜负自己了。

孔子的门派①

孔子虽如此伟大，他门弟子中却没有很出类拔萃的人物，或者为孔子所掩，也未可知。颜渊、子路两位，想是很了不得，但可惜都早死了。有若年齿最尊，算是孔门长老。子夏、子游、子张都佩服他，曾子却不敢苟同。大概孔子卒后，孔门或分有、曾两派。曾子注重内省之学，传授子思《大学》《中庸》两篇，就是这一派学说的精华，后来开出孟子；有子之学，像是重形式，言动都似圣人。子夏、子游、子张，和他同调，都注重外观的礼乐，一部《礼记》，多半是这一派的记述。后来荀子，和这一派的渊源，像有点接近。但这不过我个人的推测。《荀子·非十二子》，骂子思、孟轲那一段有句话，"以为仲尼子游为兹厚于后世，是则子思孟轲之罪也"，和子游有点渊源，或者《礼记·礼运》的大同由子游辗转传到孟子，也未可定。《非十二子》篇又有"仲尼子弓是也"一句，荀子如此推尊子弓，把他和

①　本文节选自梁启超《孔子》。

仲尼并称，或者荀学和仲弓有点渊源，也未可知。

据《荀子·非十二子》，知荀子时儒家派别有子张氏之儒、子夏氏之儒、子游氏之儒，并子思、孟轲，共为四派。荀子立于此四派之外，共为五派。据《韩非子·显学》说，儒分为八，有子张之儒、有子思之儒、有颜氏之儒、有孟氏之儒、有漆雕氏之儒、有仲良氏之儒、有孙氏之儒（即荀卿）、有乐正氏之儒。想以上各家，都各有他的特色，终分出派别来。可惜内中有几派，学说全然失传。

颜氏之儒，想是宗法颜回，如今一无可考了。漆雕氏之儒，是漆雕开传下来。《论语》记："子使漆雕开仕。对曰：吾斯之未能信。"可见这人很有点倔强，不愿做官。《韩非子·显学》说漆雕氏一派"不色挠，不目逃，行曲则违于臧获，行直则怒于诸侯"，他纯从意志刚强方面效法孔子，成为孔门的武侠派。或者《孟子》书中的北宫黝、孟施舍，都是这一派，也未可知。《汉书·艺文志》有《漆雕子》十三篇，可惜佚去了。子张在孔门中，气象最为阔大，曾子、子夏、子游都不甚以他为然（子游曰："吾友张也，为难能也，然而未仁。"曾子曰："堂堂乎张也，难与并为仁矣"），所以他自成一派。子游南教于吴楚，或者南方儒学，多出其传。乐正氏即乐正子春，与子思同出曾子。子思广大精微，乐正却极其拘谨。"下堂而伤其足，数月不出，犹有忧色"（《礼记·祭义》），确是曾子战战兢兢临深履薄的意思，所以和思孟分驰。仲良氏不见他书。据《孟子》书楚国有位陈良，北学于中国，北方之学者未能或之先，不知是他不是。

要之，以上两书所举儒家十派（除去重复），除后起的孟子荀卿有专书可考外，其余大半失传（《汉书·艺文志》有《子思》二十三篇，今仅存《中庸》一篇），但揣想当时最有势力，且影响于后来最大的，莫如子夏一派。子夏最老寿，算起来当在百零六岁以上。门弟子自然众多，而且当时中原第一个强国的君主魏文侯，受业其门，极力提倡，自然更得势了。后来汉儒所传"六经"，大半溯源子夏，虽不可尽信，要当流传有绪。所以汉以后的儒学，简直可称为子夏氏之儒了。

子夏在孔门，算是规模最狭的人。孔子生时已曾警戒他道："女为君子儒，无为小人儒。"他自己尚且器量很小，门弟子更不消说了。所以当时同学，就很不满意。子游说："子夏之门人小子，当洒扫应对进退，则可矣。抑末也，本之则亡如之何？"他论交友，主张可者与之，其不可者拒之。他的门人述以问子张，子张就说孔子不如此说，是应该"尊贤而容众，嘉善而矜不能"。看这几段，子夏学问的价值和教育的方法，可以推见了。荀子说："正其衣冠，齐其颜色，嗛然而终日不言，是子夏氏之贱儒"（《非十二子》篇），把子夏门下那班人迂阔拘谨专讲形式的毛病，可谓形容尽致。
孔门各派都中绝，唯此派独盛，真算孔子大大的不幸。
怪不得墨子看不上这些陋儒，要起革命军了。

孟子

孟子的著述①

《史记·孟子荀卿列传》云："孟轲乃述唐虞三代之德，是以所如者不合，退而与万章之徒序《诗》《书》，述仲尼之意，作《孟子》七篇。"赵岐《孟子题辞》云："退而论集，所与高第弟子公孙丑、万章之徒，难疑问答，又自撰其法度之言，著书七篇二百六十一章三万四千六百八十五字。"据此则汉儒传说，皆谓此书为孟子自撰，然书中称时君皆举其谥，如梁惠王、梁襄王、齐宣王、鲁平公、邹穆公皆然，乃至滕文公之年少亦皆如是，其人未必皆先孟子而卒，何以皆称其谥？又书中于孟子门人多以"子"称之，乐正子、公都子、屋庐子、徐子、陈子皆然，不称子者无几，果孟子所自著，恐未必自称其门人皆曰子。细玩此书，盖孟子门人万章、公孙丑等所追述，故所记二子问答之言最多，而二子在书中亦不以

---

① 本文节选自梁启超《要籍解题及其读法》（初名《群书概要》），载《清华周刊》1923年10月至1924年3月第288—305期《书报介绍副镌》第5—9期。

子称也。其成书年代虽不可确指，然最早总在周赧王十九年（前二九六）梁襄王卒之后，上距孔子卒一百八十余年，下距秦始皇并六国七十余年也。

今本《孟子》七篇，而《汉书·艺文志·儒家》云："孟子十一篇。"应劭《风俗通·穷通》亦云然。赵岐《题辞》云："又有外书四篇——《性善》《辩文》《说孝经》《为政》，其文不能弘深，不与内篇相似，似非孟子本真，后人依放而托之者也。"据此，知汉时所流传者，尚有外书四篇，与今七篇混为一本。赵邠卿（岐）鉴定为赝品，故所作《孟子章句》，惟释七篇。此后赵注独行，而外篇遂废。后人或以为惜，但吾侪颇信邠卿鉴别力不谬，其排斥外篇，不使碔砆乱玉，殆可称孟子功臣。今外篇佚文，见于《法言》《盐铁论》《颜氏家训》、李善《文选注》……等书有若干条，经近人辑出，诚有如邠卿所谓"不能弘深，不与内篇相似"也。至明季姚士粦所传《孟子外书》四篇，则又伪中出伪，并非汉时之旧，更不足道矣。

孟子与荀卿，为孔门下两大师。就学派系统论，当时儒、墨、道、法四家并峙，孟子不过儒家一支流，其地位不能比老聃、墨翟，但孟子在文化史上有特别贡献者二端：

一、高唱性善主义，教人以自动地扩大人格，在哲学上及教育学上成为一种有永久价值之学说。

二、排斥功利主义，其用意虽在矫当时之弊，然在政治学、社会学上最少亦代表一面真理。

其全书要点略如下：

一、哲理谈。穷究心性之体相，证成性善之旨。《告子》上下篇、《尽心》上篇，多属此类。

二、政治类。发挥民本主义，排斥国家的功利主义；提出经济上种种理想的建设。《梁惠王》上下篇、《滕文公》上篇，全部皆属此类，其余各篇亦多散见。

三、一般修养谈。多用发扬蹈厉语，提倡独立自尊的精神，排斥个人的功利主义。《滕文公》《告子》《尽心》三篇最多，余篇亦常有。

四、历史人物批评。借古人言论行事，证成自己的主义。《万章》篇最多。

五、对于他派之辩争。其主要者如后儒所称之辟杨、墨，此外如对于告子论性之辩难，对于许行、陈仲子之呵斥，对于法家者流政策之痛驳等皆是。

六、记孟子出处辞受及日常行事等。

上各项中，惟第四项之历史谈价值最低。因当时传说，多不可信，而孟子并非史家，其著书宗旨又不在综核古事，故凡关于此项之记载及批评，应认为孟子借事明义，不可当史读。第五项辩争之谈，双方皆持之有故言之成理，未可偏执一是。第二项之政治谈，因时代不同，其具体的制度自多不适用，然其根本精神固有永久价值。余三项价值皆极高。

孟子的学说[①]

　　孟子生于孔子卒后百余年。其时老墨之教皆盛行，殆与儒家三分天下；而法家阴阳家亦竞起，故孟子思想，受诸家影响颇多，卓然为儒家开一新面目焉。

　　《孟子》书，《汉书·艺文志》云十一篇，今本仅七篇，每篇复分为上下，相传更有外篇四篇。六朝唐人，尚颇引其佚文，但颇难信。此七篇者，司马迁谓孟子与其徒万章之徒所作，殆古书中最完善可信据者矣。

　　七篇中，《告子》《尽心》两篇，多属于内业派之学说；《梁惠王》《滕文公》《离娄》《万章》四篇，多属于经世派之学说；《公孙丑》篇则两者咸有，而全书精神，可以两语贯之，曰：

　　　　孟子道性善，言必称尧舜。（《滕文公上》篇）

---

① 　本文节选自梁启超《老孔墨以后学派概观》，收入《饮冰室合集·专集》第11册，中华书局1936年版。

性善论

"道性善"，孟子内业学说之根据也。"称尧舜"，孟子经世学说之根据也。

孔子言"性相近也习相远也"，"惟上智与下愚不移"。其论性语甚浑括，未尝加以分析。孔门中内业派日趋发达，"性论"渐成为重要问题。《论衡·本性》称，"世硕以为人性有善有恶……善恶在所养"，又称"宓子贱、漆雕开、公孙尼子论性情，与世子相出入"。数子皆儒学大家（《汉志》儒家有《漆雕子》十三篇，《宓子》十六篇，《世子》二十一篇，《公孙尼子》二十八篇），而其著书皆有论性之文，则当时之重视此问题可知。盖此问题者，为自己修养起见，为教育之理论及应用起见，所关皆甚重，故儒家认为极要。而孟子荀卿，乃至各以性之善恶为其学说之根本也。

孟子绝对的主张性善说，曰：

> 人性之善也，犹水之就下也，人无有不善，水无有不下。（《告子上》篇）

孟子果根据何种论理以立此主张乎？第一，孟子深信人类本来平等，人类中既有至善之人，所以证知人性必善。其言曰：

> 故凡同类者举相似也，何独至于人而疑之？圣人与我同类者……口之于味也，有同耆焉；耳之于

声也，有同听焉；目之于色也，有同美焉。至于心，独无所同然乎？（同上）

第二，孟子以为人性中皆有善的根苗，所以证知为善。其言曰：

人皆有不忍人之心。……今人乍见孺子将入于井，皆有怵惕恻隐之心，非所以内交于孺子之父母也，非所以要誉于乡党朋友也，非恶其声而然也。由是观之，无恻隐之心，非人也；无羞恶之心，非人也；无辞让之心，非人也；无是非之心，非人也。恻隐之心，仁之端也；羞恶之心，义之端也；辞让之心，礼之端也；是非之心，智之端也。（《公孙丑上》篇）

"端"即"造端乎夫妇"之端，如体质上之有原始精胞。孟子以为人性之善端有生俱来，故曰："此天之所以与我者。"又曰："非由外铄我也，我固有之也。"（俱《告子上》篇）又曰："人之所不学而能者，其良能也；所不虑而知者，其良知也。"（《尽心上》篇）

人之所不学而能不虑而知者，是否皆良？恻隐羞恶辞让是非诸善端，是否生而皆有？除此等善端外，其他恶端，是否为人性所无？此等问题，即孟子性善说能否成立之生死关键也。以吾所见，惟"见孺子入井而恻隐"与"孩提知爱其亲"两论证，确能圆满成立，其他则不敢言。然"爱"实万善之本，爱性既生而具，则性善说固已持之成理矣。

性善说创自孟子，当时诸家论性者，异说甚多，故公都子以为问，曰：

> 告子曰："性无善无不善也。"或曰："性可以为善可以为不善，是故文武兴则民好善，幽厉兴则民好暴。"或曰："有性善，有性不善，是故以尧为君而有象，以瞽瞍为父而有舜。"……今曰性善，然则彼皆非与。（《告子上》篇）

孟子的绝对性善说，与公都子所引诸例，显不相容，孟子其何说之辞？孟子曰：

> 乃若其情，则可以为善矣，乃所谓善也，若夫为不善，非才之罪也。（同上）

孟子以为人类有善的可能性，故谓之善，此可能性之说，在学理上极有价值。盖必有此然后修养为可能，教育为可能也。若夫有为不善者，孟子以为不过受环境之恶影响使然。故曰：

> 富岁子弟多赖（阮元云"赖同懒"），凶岁子弟多暴。非天之降才尔殊也，其所以陷溺其心者然也。今夫麰麦，播种而耰之，其地同，树之时又同，浡然而生，至于日至之时皆熟矣。虽有不同，则地有肥硗，雨露之养，人事之不齐也。（同上）

此言人类皆有善之可能性，犹麦种皆有熟之可能性。然而或懒或暴种种不善者，皆由环境使然（热带人多赖，寒带人多暴，亦同此理），孟子以为此陷溺作用之结果耳。恶环境既足以陷溺人，则以他力改善环境或以自力抵抗环境，皆足以恢复其本来之善。所谓他力改善环境者。孟子曰：

> 虽有天下易生之物也，一日暴之，十日寒之，未有能生者也。（同上）

又曰：

> 有楚大夫于此，欲其子之齐语也。……一齐人傅之，众楚人咻之……虽日挞而求其楚，亦不可得也。（《滕文公上》篇）

所谓自力抵抗环境者，孟子曰：

> 牛山之木尝美矣。以其郊于大国也，斧斤伐之，可以为美乎？是其日夜之所息，雨露之所润，非无萌蘖之生焉。牛羊又从而牧之，是以若彼濯濯也，人见其濯濯也，以为未尝有材焉，此岂山之性也哉？虽存乎人者，岂无仁义之心哉？其所以放其良心者，亦犹斧斤之于木也。旦旦而伐之，可以为美乎？其日夜之所息，平旦之气，其好恶与人相近也者几希，则其旦昼之所为有梏亡之矣。梏之反覆，则其夜气不足以存，夜气不足以存，则其违禽兽不远矣。人见其禽兽也，而以为未尝有才焉者，是岂人之情也哉？（《告子上》篇）

由前之说，则当使人日日得所"暴"，常常在"庄岳之间"，此社会教育之所宜有事也。由后之说，则当严密自卫以求免"牛羊之牧""旦昼之梏"，此个性教育之所宜有事也。孟子于前说，虽偶一道及，而其主要精神，实在后说。

教育论

孟荀因论性之主张异，故教育方针，随之而异。荀子尊他力，而孟子尊自力。荀子之教，其一，假物。故曰："假舆马者，非利足也，而涉千里；假舟楫者，非能水也，而绝江河。君子生非异也，善假于物也。"（《劝学》篇）其二，尊师。故曰："师云而云，则是知若师也。……不是师法而好自用，譬之是犹以盲辨色，以聋辨声也，舍乱妄无为也。"（《修身》篇）盖性既恶则非藉他力无以矫正也。孟子不然，孟子曰："万物皆备于我矣。"（《尽心上》篇）又曰："反求诸己而已矣。"（《公孙丑上》篇）此与荀子假物之说异。又曰："圣人先得我心之所同然耳。"（《告子上》篇）又曰："子归而求之有余师。"此与荀子尊师之说异。孟子曰："君子深造之以道，欲其自得之也。自得之则居之安，居之安则资之深，资之深则取之左右逢其原。"（《离娄下》篇）自得者，纯恃自力之谓，圣贤师友，能示我为学方法，不能代我为学；能引我志于道，不能代我入道。故曰："梓匠轮舆，能与人规矩，不能使人巧。"（《尽心下》篇）孔子所谓"人能弘道，非道弘人"，《中庸》所谓"诚者自成也"，即是此意。

然则自力修养之方法何如？一曰消极的抵抗；二曰积极的发展；而此二者实交相为用。孟子曰：

> 先立乎其大者，则其小者弗能夺也。（《告子上》篇）

"先立乎其大者"即所以为发展，"小者不能夺"即所以为抵抗也。今先举其抵抗之学说，孟子曰：

> 耳目之官不思，而蔽于物，物交物，则引之而已矣。心之官则思，思则得之。（同上）

此文特标物与我之辨，最足发人深省。"物交物"云者，前"物"字，指耳目所接之物，佛说自六尘至山河大地，常人所共指为物者此也。后"物"字，即指耳目及躯干之全部，佛说自六根以至六识，常人则不指此物而指我，不知此确为物而非我也。就其至浅者言之，如人之发齿爪甲，当其丽于我身，共指为我也（杨氏为我拔一毛利天下不为，即谓此一毛为我体也），及其脱落，则么么一物而已，此躯干之全部，与发齿爪甲何异？今世生理学大明，稍涉其樊者，共知吾全身筋骨血肉，皆阅若干时一蜕变，全非其故矣。然而犹执此为我而终不悟也。既认此物为我，则罄吾之智能以养之，凡人终日所营营者，舍养此耳目口体之外，更有何事？因养此耳目口体，于是乎有"宫室之美，妻妾之奉"，浸假而宫室妻妾，且成为我之一部。如是认贼作子，辗转相引以至无穷，孟子喝破之，曰是"物交物"而已矣，是"于我何加焉"。明乎此义，然后知我前此所为营营龊龊者，皆为物役。自今以往，我当恢复我之自主权，我将对于一切物而宣告独立，不复为之奴隶。我但作此一念，而一切物已戢戢听命，无复能披猖矣，故曰"思则得之"也。

自力抵抗环境，当受环境苛酷的压迫时，最感其必要，《孟子》有一章，发挥此义最为深刻。曰：

> 故天将降大任于是人也，必先苦其心志，劳其筋骨，饿其体肤，空乏其身，行拂乱其所为，所以动心忍性，曾益其所不能。人恒过，然后能改；困于心，衡于虑，而后作；征于色，发于声，而后喻。入则无法家拂士，出则无敌国外患者，国恒亡。然后知生于忧患，而死于安乐也。（《告子下》篇）

此章实吾辈疲劳时之一兴奋剂，失望时之一续命汤。能常诵之，自可以提起奋斗的精神，使吾辈不致遇困难而退转。虽然，犹有一义当注意焉，环境之安顺的腐蚀，有时较苛酷的压迫尤为可畏，故孟子复予吾辈以严重的警告。曰：

> 一箪食，一豆羹，得之则生，不得则死。呼尔而与之，行道之人弗受；蹴尔而与之，乞人不屑也。万钟则不辩礼义而受之，万钟于我何加焉？为宫室之美，妻妾之奉，所识穷乏者得我与？乡为身死而不受，今为宫室之美为之；乡为身死而不受，今为妻妾之奉为之；乡为身死而不受，今为所识穷乏者得我而为之，是亦不可以已乎？此之谓失其本心。（《告子上》篇）

人类堕落，往往不在其失意之时，而在其得意之时。因得意时自卫力便松懈，则受恶社会之腐蚀而不自知也。孟子以为学人之抵抗社会，无论何时，皆须注全力。故曰：

> 富贵不能淫，贫贱不能移，威武不能屈，此之谓大丈夫。（《滕文公下》篇）

其积极的发展之方法如何？《中庸》云："惟天下至诚，为能尽其性。"孟子之学，从子思出，故其义与《中庸》共贯，曰：

> 或相倍蓰而无算者，不能尽其才者也。（《告子上》篇）

孟子既笃信人类平等，谓"圣人与我同类"，以为各人苟将其个性充量发展，皆可以完成圆满的人格。故曰："人皆可以为尧舜。"（《告子下》篇）

修养论

> 舜何人也？予何人也。有为者，亦若是。（《滕文公上》篇）

> 舜人也，我亦人也，舜为法于天下，可传于后世，我犹未免为乡人也，是则可忧也。（《离娄下》篇）

尧舜为孟子理想的人格，然以为人人皆可以学到。尧舜所以与我辈相去倍蓰而无算，由我辈不能尽其才耳。尽其才之道何如？则扩充而已矣。孟子曰：

> 凡有四端于我者，知皆扩而充之矣。若火之始然，泉之始达，苟能充之，足以保四海。（《公孙丑上》篇）

又曰：

> 古之人所以大过人者，无他焉，善推其所为而已矣。（《梁惠王上》篇）

又曰：

> 人皆有所不忍，达之于其所忍，仁也。人皆有所不为，达之于其所为，义也。（《尽心下》篇）

又曰：

> 人能充无欲害人之心，而仁不可胜用也。人能充无穿窬之心，而义不可胜用也。（同上）

孟子只是教人发挥个性的本能，以为圆满的人格，不过将本能放大。所以其教人总是因势利导，对于门弟子无论矣，即对于时主亦然。齐宣王不忍一牛之觳觫，即谓"是心足以王"。好乐好色好货，皆指为美德，凡以其有善端而已。荀子曰："木直中绳，以为轮，其曲中规。虽有槁暴，不复挺者，使之然也。"（《劝学》篇）以逆人性为教，孟子之"扩充"则以顺人性为教，两性恰相反矣。

孟子自道修养得力处，曰：

> 我善养吾浩然之气。（《公孙丑上》篇）

此是内业派与武侠派会通之点，其言养气之必要，谓"志，气之帅也；气，体之充也……志壹则动气，气壹则动志也。今夫蹶者趋者，是气也，而反动其心"。气是指心理上情感方面之动相，当时内业派专重意志理性两方面，孟子认为有缺点，故以此补之。其说浩然之气也，曰：

> 其为气也，至大至刚，以直养而无害，则塞乎天地之间。其为气也，配义与道，无是馁也。……行有不慊于心，则馁矣。（同上）

所谓馁不馁者，正如漆雕开所谓"行曲则违于臧获，行直则怒于诸侯"。所谓配义与道者，道为理性力所体验，义为意志力所向往，孟子以为尚需加情操力之修，养以配之，行无不慊于心，则常能保持其迈往不挠之情操。而万事可以负荷，此所以使修养工夫成为现实应用的，而与老庄所教异其揆也。

经济论

孟子之政治论，祖述孔子大同之旨，其必称尧舜者，借尧舜以寄其公天下之理想也。故万章问："尧以天下与舜有诸？"孟子曰："否。天子不能以天下与人。"（《万章上》篇）桃应问："舜为天子，皋陶为士，瞽瞍杀人，则如之何？"孟子曰："执之而已矣。"曰："然则舜不禁与？"曰："夫舜恶得而禁之，夫有所受之也。"（《尽心上》篇）

前章论国家非君主私有，后章论法律之下万人平等，且法律非君主所能任意左右，皆孟子政治上重要之理想。孟子又曰：

贼人者谓之贼，贼义者谓之残，残贼之人，谓之一夫。闻诛一夫纣矣，未闻弑君也。（《梁惠王下》篇）

又曰：

今之所谓良臣，古之所谓民贼也。（《告子下》篇）

当时贵族政治，已成过去，而君相专制的国家主义方盛行，故孟子大声疾呼以破之。故曰：

民为贵，社稷次之，君为轻。（《尽心下》篇）

滕文公问为国，孟子告以"民事不可缓"。齐宣王问齐桓晋文之事，孟子告以"保民而王"。此皆反抗当时之政治潮流，为民权思想之先河。但孟子仅言"保民"、言"牧民"、言"民之父母"，而未尝言民自为治。近世所谓of the people, for the people, by the people之三原则，孟子仅发明of与for之两义，而未能发明by义，此其缺点也。

孟子政治论最重要之部分，则其经济制度也，孟子以经济的给足为社会道德之源泉。故曰：

> 民之为道也，有恒产者有恒心，无恒产者无恒心。苟无恒心，放辟邪侈，无不为已。及陷乎罪，然后从而刑之，是罔民也。（《滕文公上》篇）

又曰：

> 是故明君制民之产，必使仰足以事父母，俯足以畜妻子，乐岁终身饱，凶年免于死亡。然后驱而之善，故民之从之也轻。（《梁惠王上》篇）

读此可知孟子认经济问题为改良社会之根本，与后世之耻言生计而高谈道德者有异矣。孟子经济政策第一要件，在整理土地制度。其言曰：

> 夫仁政必自经界始，经界不正，井地不均，谷禄不平。（《滕文公上》篇）

孔子之言经济，本最注重分配，故曰："不患寡而患不均。"（《论语》）孟子受其教，故以

"均""平"为第一义，而当时主要之经济惟农业，故欲求分配之均，必在土地。孟子之理想土地制度，曰：

> 方里而井，井九百亩，其中为公田，八家皆私百亩，同养公田。（《滕文公上》篇）

此种制度，以全国耕地九分之一为纯粹的公有，其余九分之八，则私人虽无所有权而有使用权，在使用期间，收益归彼私有。而此公家之一分，亦由各私人公担其生产之劳作，即私人相互之间，亦为共用生产，平均分配。所谓"耕则通力合作，收则计亩均分"，实含有组合互助之精神。故孟子曰：

> 乡田同井，出入相友，守望相助，疾病相扶持，则百姓亲睦。（同上）

此孟子心目中之半共产的社会，不徒以此谋物质上之给足，实以为人类精神保健之一良剂也。

孟子又言："野九一而助，国中什一使自赋。"（同上）是主张都市经济制度与乡村有区别。又言："关市讥而不征，泽梁无禁。"（《梁惠王下》篇）是主张自由贸易及山泽之利全归共有，凡此皆可见孟子经济思想之一斑也。

第三讲

荀子

荀子的著述①

刘向《叙录》云："孙卿卒不用于世，老于兰陵。疾浊世之政，亡国乱君相属，不遂大道，而营乎巫祝，信禨祥，鄙儒小拘，如庄周等又滑稽乱俗，于是推儒墨道德之行事兴坏，序列著数万言而卒。"是以《荀子》书为荀卿所手著也。今案，读全书，其中大部分固可推定为卿自著，然如《儒效》《议兵》《强国》篇皆称"孙卿子"，似出门弟子记录。内中如《尧问》篇末一段，纯属批评荀子之语，其为他人所述尤为显然。又《大略》以下六篇，杨倞已指为荀卿弟子所记卿语及杂录传记。然则非全书悉出卿手盖甚明。

《荀子》书初由汉刘向校录，名《孙卿新书》。《汉书·艺文志》著录，名《孙卿子》（颜注云："本曰荀卿，避宣帝讳故曰孙"）。唐杨倞为作注，省称《荀子》，今遂为通名。刘向《叙录》云："所校雠中《孙卿书》凡三百二十二篇，以相校，除复重

---

① 本文节选自梁启超《要籍解题及其读法》。

二百九十篇，定著三十二篇。"言中秘所藏孙卿之书共三百二十二篇，实三十二篇，余皆重复之篇也。《汉书·艺文志》作三十三篇。王应麟谓传写之讹，殆然。《隋书·经籍志》作十二卷，《旧唐志》同。今本二十卷，乃杨倞所析，编次亦颇易其旧。倞自序云："以文字繁多，故分旧十二卷三十二篇为二十卷……其篇第亦颇有移易，使以类相从。"

荀子与孟子，为儒家两大师。虽谓儒家学派得二子然后成立，亦不为过。然荀子之学，自有其门庭堂奥，不特与孟子异撰，且其学有并非孔子所能赅者。今举其要点如下：

第一，荀子之最大特色，在其性恶论。性恶论之旨趣，在不认人类为天赋本能所支配，而极尊重后起的人为，故其教曰"化性起伪"。伪字从人从为，即人为之义。

第二，唯其如是，故深信学问万能，其教曰"习"曰"积"。谓习与积之结果，能使人尽变其旧，前后若两人。若为向上的习积，则"积善成德而圣心备"，是即全人格之实现也。后世有提倡"一超直入"之法门者，与"积"之义相反，最为荀子所不取。

第三，学问如何然后能得，荀子以为全视其所受教育何如，故主张"隆师"，而与孟子"虽无文王犹兴"之说异。

第四，名师或不获亲接，则求诸古籍，故荀子以传经为业。汉代诸经传受，几无一不自彼出（说详汪容甫《荀卿子通论》），而其守师法皆极严。

第五，既重习而不重性，则不问遗传而专问环境。环境之改善，荀子以为其工具在"文理"——文物与条理。文理之结晶体谓之"礼"，故其言政治、言教育皆以礼为中心。

第六，"礼，时为大。"故主张法后王而不贵复古。

第七，"礼"之表现，在其名物度数。荀子既尊礼学，故常教人对于心、物两界之现象，为极严正极绵密之客观的考察，其结果与近世所谓科学精神颇相近。

以吾所见荀子学术之全体大用，大略如是。盖厘然成为一系统的组织，而示学者以可寻之轨也。今将全书各篇重要之内容论次如下（次第依今本）：

《劝学》篇上半篇（自"学不可以已"起，至"安有不闻者乎"止）采入《大戴礼记》，大旨言性非本善，待学而后善。其要点在力言"假于物"之义，"渐积"之义，以明教育效能。其下半篇则杂论求学及应问方法。

《修身》篇教人以矫正本性之方法，结论归于隆礼而尊师。

《不苟》篇教人审度事理，为适宜之因应。

《荣辱》篇论荣辱皆由人所自取，中多阐发性恶语。

《非相》篇篇首一段，辟相术之迷信，编录者因取以为篇名。内中有"法后王"一段，实荀说特色之一。篇末论"谈说之术"两段亦甚要。

《非十二子》篇批评当时各家学派之错误，并针砭学风之阙失。内中所述各派，实为古代学术史之重要史料。

《仲尼》篇多杂论，无甚精彩。

《儒效》篇大旨为儒术辩护。内中有"隆性隆积"一段，为性恶论之要语。

《王制》篇以下五篇皆荀子政治论。本篇论社会原理，有极精语。

《富国》篇论生计原理，全部皆极精。末两段言"非攻"及外交术，文义与全篇不甚相属。

《王霸》篇言政术，多对当时立言。

《君道》篇论"人治"与"法治"之得失，有精语。

《臣道》《致仕》两篇无甚精彩。《议兵》《强国》两篇承认当时社会上最流行之国家主义，而去其太甚。

《天论》篇批驳先天前定之说，主张以人力征服天行，是荀子哲学中极有力量的一部分。

《正论》篇杂取世俗之论，批评而矫正之。全篇不甚有系统，惟末两段批评宋钘，最为可贵，因宋钘学说不多见，得此可知其概也。

《礼论》篇，因礼学为荀子所最重，为书中重要之篇。惟细绎全文，似是凑集而成。其第一段论礼之起原最精要。"礼有三本"以下，《大戴礼记》采录为《礼三本》篇。"三年之丧何也"以下，《小戴礼记》采录为《三年问》篇。

《乐论》篇一部分采入《小戴礼记·乐记》。其论音乐原理及音乐与人生之关系最精。但《乐记》所说，尤为详尽，未知是编《小戴》者将本篇补充耶？抑传钞本篇者有遗阙耶？

《解蔽》篇为荀子心理学，其言精深而肃括，最当精读，且应用之于修养。

《正名》篇为荀子之逻辑学，条理绵密，读之益人神智（宜与《春秋繁露·深察名号》同读）。

《性恶》篇为荀子哲学之出发点，最当精读。

《成相》《赋》二篇为荀子的美文，本不在本书之内，略浏览知文体之一种可耳。

《君子》《大略》《宥坐》《子道》《法行》《哀公》《尧问》七篇疑非荀子著作，不读亦可。

荀子的学说[①]

社会起源论

荀子与孟子，同为儒家大师，其政治论之归宿点全同，而出发点则小异。孟子信性善，故注重精神上之扩充。荀子信性恶，故注重物质上之调剂。荀子论社会起原，最为精审，其言曰：

> 水火有气而无生，草木有生而无知，禽兽有知而无义，人有生有气有知亦且有义，故最为天下贵也。力不若牛，走不若马，而牛马为用何也？曰：人能群彼不能群也。人何以能群？曰：分。分何以能行？曰：义。故义以分则和，和则一，一则多力，多力则强，强则胜物。（《王制》篇）

此言人之所以贵于万物者，以其能组织社会。社会成立，则和而一，故能强有力以制服自然。社会何以能成立？在有分际。分际何以如此其重要？荀子曰：

---

① 本文节选自梁启超《先秦政治思想史》。

万物同宇而异体，无宜而有用为人（王念孙曰："为读曰于，古同声通用，言万物于人虽无一定之宜，而皆有用于人"），数也。人伦并处，同求而异道，同欲而异知，生也（王念孙曰："生读为性"）。皆有可也，知愚同，所可异也，知愚分。势同而知异，行私而无祸，纵欲而不穷，则民心奋而不可说也。……天下害生纵欲，欲恶同物，欲多而物寡，寡则必争矣。……离居不相待则穷，群居而无分则争，穷者患也，争者祸也。救患除祸，则莫若明分使群矣。（《富国》篇）

又曰：

礼起于何也？曰：人生而有欲，欲而不得则不能无求，求而无度量分界则不能不争，争则乱，乱则穷。先王恶其乱也，故制礼义以分之，以养人之欲，给人之求。使欲必不穷乎物，物必不屈于欲，两者相持而长，是礼之所起也。（《礼论》篇）

又曰：

分均则不偏（案：当作遍），势齐则不壹，众齐则不使……夫两贵之不能相事，两贱之不能相使，是天数也。势位齐而欲恶同，物不能澹（杨注云："澹读为赡"）则必争，争则必乱，乱则穷矣。先王恶其乱也，故制礼义以分之。使有贫富贵贱之等足以相兼临者，是养天下之本也。《书》

曰：“维齐非齐。”此之谓也。（《王制》篇）

此数章之文极重要，盖荀子政论全部之出发点。今分数层研究之。第一层，从纯物质方面说，人类不能离物质而生活，而物质不能为无限量的增加，故常不足以充餍人类之欲望（欲多物寡，物不能赡）；第二层，从人性方面说，孟子言“辞让之心人皆有之”，荀子正与相反，谓争夺之心，人皆有之（纵欲而不穷，不能不争）；第三层，从社会组织动机说，既不能不为社会的生活（离居不相待则穷），然生活自由的相接触，争端必起（群而无分则争）；第四层，从社会组织理法说，唯有使各人在某种限度内为相当的享用，庶物质分配不至竭蹶（以度量分界，养人之欲，给人之求）；第五层，从社会组织实际说，承认社会不平等（有贫富贵贱之等，维齐非齐），谓只能于不平等中求秩序。生活不能离开物质，理甚易明。孔子说“富之教之”，孟子说“恒产恒心”，未尝不见及此点。

礼义论

荀子从人性不能无欲说起，由欲有求，由求有争，因此不能不有度量分界以济其穷，剖析极为精审，而颇与唯物史观派之论调相近。盖彼生战国末，受法家者流影响不少也。荀子不承认“欲望”是人类恶德，但以为要有一种“度量分界”，方不至以我个人过度的欲望，侵害别人分内的欲望。此种度量分界，名之曰礼，儒家之礼治主义，得荀子然后大成，亦至荀子而渐滋流弊，今更当一评骘之。《礼记·坊记》云：

> 礼者，因人之情而为之节文，以为民坊者也。

"人之情"固不可拂，然漫无节制，流弊斯滋。故子游曰：

> 有直道而径行者，夷狄之道也。礼道则不然，人喜则斯陶，斯陶咏，咏斯犹（郑注："犹当为摇声之误也"），犹斯舞；愠斯戚，戚斯叹，叹斯辟（郑注："辟拊心也"），辟斯踊矣。品节斯，斯之谓礼。（《礼记·檀弓》）

礼者，因人之情欲而加以品节，使不至一纵而无极，实为陶养人格之一妙用。故孔子曰："礼之用，和为贵。"又曰："恭而无礼则劳，慎而无礼则葸，勇而无礼则乱，直而无礼则绞。"通观《论语》所言礼，大率皆从精神修养方面立言，未尝以之为量度物质工具。荀子有感于人类物质欲望之不能无限制也，于是应用孔门所谓礼者以立其度量分界（此盖孔门弟子早有一派，非创自荀子，特荀子集其大成耳），其下礼之定义曰：

> 礼者，断长续短，损有余益不足，达爱敬之文，而滋成行义之美者也。（《礼论》篇）

断长续短、损有余益不足云者，明明从物质方面说。故曰：

　　人之情，食欲有刍豢，衣欲有文绣，行欲有舆马，又欲夫余财蓄积之富也。然而穷年累世不知不足（杨注云："当为不知足"），是人之情也。今人之生也，方知畜鸡狗猪彘，又畜牛羊，然而食不敢有酒肉。余刀布，有囷窌，然而衣不敢有丝帛。约者有筐箧之藏，然而行不敢有舆马。是何也？非不欲也。几不（王念孙谓此二字涉下文而衍）长虑顾后而恐无以继之故也。……今夫偷生浅知之属，曾此而不知也。粮食大侈，不顾其后，俄则屈安穷矣（杨注云："安，语助也，犹言屈然穷"。案：荀子书中"安"字或"案"字多作语助词用），是其所以不免于冻饿，操瓢囊为沟壑中瘠者也。况（案：况当训譬）夫先王之道，仁义之统，《诗》《书》《礼》《乐》之分乎？彼固天下之大虑也，将为天下生民之属长虑顾后而保万世也。（《荣辱》篇）

荀子以为人类总不容纵物质上无垫之欲，个人有然，社会亦有然。政治家之责任，在将全社会物质之量，通盘筹算，使人人不至以目前"太侈"之享用，招将来之"屈穷"。所谓"欲必不穷乎物，物必不屈于欲"也。其专从分配问题言生计，正与孟子同，而所论比孟子尤切实而缜密，然则其分配之法如何？荀子曰：

　　夫贵为天子，富有天下，是人情之所同欲也。

然则从人之欲，则势不能容，物不能赡也。故先王案为之制礼义以分之，使有贵贱之等，长幼之差，知愚能不能之分，皆使人载其事而各得其宜，然后使慤（俞樾曰："慤当作穀声之误也"）禄多少厚薄之称。……故或禄天下而不自以为多，或监门、御旅、抱关、击柝而不自以为寡，故曰：斩（刘台拱曰："斩读如儳"。《说文》："儳，儳互不齐也"）而齐，枉而顺，不同而一。（《荣辱》篇）

荀子所谓度量分界：（一）贵贱，（二）贫富（《王制》篇所说），（三）长幼，（四）知愚，（五）能不能，以为人类身份境遇年龄材质上万有不齐，各应于其不齐者以为物质上享用之差等，是谓"各得其宜"，是谓义。将此义演为公认共循之制度，是谓礼。荀子以为持此礼义以治天下，则：

以治情则利，以为名则荣，以群则和，以独则足。（《荣辱》篇）

是故孔子言礼专主"节"（《论语》所谓"不以礼节之亦不可行"），荀子言礼专主"分"，荀子以为只须将礼制定，教人"各安本分"，则在社会上相处，不至起争夺（以群则和），为个人计，亦可以知足少恼（以独则足）。彼承认人类天然不平等，而谓各还其不平等之分际，斯为真平等，故曰"维齐非齐"。然则荀子此说之价值何如？曰：长幼、知愚、能不能之差别，吾侪绝对承认之。至于贵贱贫富之差别，非先天所宜有，其理甚明。此差别从何而来？惜荀子未有以告吾侪。推荀子之意，自然谓以知愚、能不能作贵贱贫富之标准。此说吾侪固认为合理，然此合理之标准何以能实现。惜荀子未能予吾侪以满意之保障也。以吾观之，孔子固亦主张差等，然其所谓差等者与后儒异。孔子注重"亲亲之杀"，即同情心随其环距之远近而有浓淡强弱，此为不可争之事实。故孔子因而利导之，若夫身份上之差等，此为封建制度下相沿之旧，孔子虽未尝竭力排斥，然固非以之为重。孔门中子夏一派，始专从此方面言差等。而荀子更扬其波，《礼论》篇中历陈天子应如何，诸侯应如何，大夫应如何，士应如何，庶人应如何，《戴记》中《礼器》《郊特牲》《玉藻》等篇，皆同此论调，断断于贵贱之礼数。其书出荀子前抑出其后，虽未能具断，要之皆荀子一派之所谓礼，与孔子盖有间矣。

荀子生战国末，时法家已成立，思想之互为影响者不少，故荀子所谓礼，与当时法家所谓法者，其性质实极相逼近。荀子曰：

> 礼岂不至矣哉。立隆以为极，而天下莫之能损益也。……故绳墨诚陈矣，则不可欺以曲直；衡诚县矣，则不可欺以轻重；规矩诚设矣，则不可欺以方圆；君子审于礼，则不可欺以诈伪。故绳者直之至，衡者平之至，规矩者方圆之至，礼者人道之极也。（《礼论》篇）

　　法家之言曰："有权衡者不可欺以轻重，有尺寸者不可差以长短，有法度者不可诬以诈伪。"（马总《意林》引《慎子》）两文语意若合符节，不过其功用一归诸礼，一归诸法而已。究竟两说谁是耶？吾宁取法家。何也？如荀子说，纯以计较效率为出发点，既计效率，则用礼之效率不如用法，吾敢昌言也。法度严明，诈伪不售，吾能信之，谓"审礼则不可欺以诈"，则礼之名义为人所盗用，饰貌而无实者，吾侪可以触目而举证矣。故荀子之言，不彻底之言也。慎子又曰："一兔走，百人追之；积兔于市，过而不顾；非不欲兔，分定不可争也。"荀子之以分言礼，其立脚点正与此同。质言之，则将权力之争夺变为权利之认定而已。认定权利以立度量分界，洵为法治根本精神。揆诸孔子所谓"道之以德，齐之以礼"者，恐未必然也。

　　复次，礼为合理的习惯，前既言之矣。欲使习惯常为合理的，非保持其弹力性不可，欲保持其弹力性，则不容有固定之条文。盖必使社会能外之顺应环境，内之浚发时代心理，而随时产出"活的良习惯"，夫然后能合理。其机括在个性与个性相摩，而常有伟大人物，出其人格以为群众表率，群众相与风而习焉；反是则"众以为殃"，斯则所谓证矣。《易传》曰："通其变，使民不倦；神而化之，使民宜之。"惟"不倦"故"宜"，此礼之所以可尊也。荀派之言礼也不然，其说在"立隆以为极，而天下莫之能损益"。吾闻之孔子矣，"殷因于夏礼，所损益，可知也。周因于殷礼，所损益，可知也。"（《论语》）未闻以莫能损益为礼之属性也（孔子常言君子，君子即指有伟大人格、可以为群众表率者，如"君子笃于亲则民兴于仁"，"君子之德风，小人之德草"等，皆当如是解）。荀派所以以此言礼者，盖由当时法家者流，主张立固定之成文法以齐壹其民，其说壁垒甚坚，治儒术者不得不提出一物焉与之对抗。于是以己宗夙所崇尚之礼充之，于是所谓"礼仪三百、威仪三千"者，遂成为小儒占毕墨守之宝典，相与致谨于繁文缛节。两《戴记》所讨论之礼文，什九皆此类也。他宗非之曰："累寿不能尽其学，当年不能行其礼。"（《墨子·非儒》）岂不以是耶？吾侪所以不满于法治主义者，以其建设政治于"机械的人生观"之上也；如荀派之所言礼，则其机械性与法家之法何择？以《大清通礼》比《大清律例》《大清会典》，吾未见《通礼》之弹力性能强于彼两书也，等是机械也。法恃国家制裁，其机械力能贯彻；礼恃社会制裁，其机械力不贯彻。故以荀派之礼与法家之法对抗，吾见其进退失据而已。要而论之，无论若何高度之文化，一成为结晶体，久之必僵腐而蕴毒，儒家所以不免有流弊为后世诟病者，则由荀派以"活的礼"变为"死的礼"使然也。虽然，凡荀子之言礼，仍壹归于化民成俗，与孔子提高人格之旨不戾。此其所以为儒也。

儒家言礼，与乐相辅，二者皆陶养人格之主要工具焉。荀子言乐，精论最多，善推本于人情而通之于治道，其言曰：

> 夫乐者乐也，人情之所必不免也。故人不能无乐，乐则必发于声音，形于动静……形而不为道，则不能无乱，先王恶其乱也，故制《雅》《颂》之声以道之，使其声足以乐而不流，使其文足以辨而不諰，使其曲直繁省廉肉节奏足以感动人之善心，使夫邪污之气无由得接焉……

> 凡奸声感人而逆气应之，逆气成象而乱生焉。正声感人而顺气应之，顺气成象而治生焉。……故乐行而志清……耳目聪明，血气和平，移风易俗，天下皆宁，美善相乐。故曰乐者乐也。君子乐得其道，小人乐得其欲……故乐者所以道乐也……乐行而民乡方矣。（《乐论》篇）

此言音乐与政治之关系，可谓博深切明。"美善相乐"一语，实为儒家心目中最高的社会人格，社会能如是，则天下之平，其真犹运诸掌也。故儒家恒以教育与政治并为一谈，盖以为非教育则政治无从建立（孔子谓《韶》："尽美矣，又尽善也"，谓《武》："尽美矣，未尽善也"。美善合一，是孔子理想的人格），既教育则政治自行所无事也。

第四讲

老子

老子的传记①

　　研究历史的人，找不到完备正确的史料，是件最苦的事。像老子那么伟大的人物，我们要考他的履历，靠的就是《史记·老庄申韩列传》里头几百字，还叙得迷离惝恍。其余别的书讲老子言论行事，虽也不少，但或是寓言，或是后人假造，都没有充当史料的价值。我们根据《史记》和别的书，可怜仅得着几条较为可靠的事实：

　　第一，老子姓李，名耳，亦名聃。第二，他是楚国人，或说是陈国人（但陈国当时已被楚国灭了），或者是他原籍。第三，他在周朝做过"守藏史"的官，用现在名号翻出来，就是国立图书馆馆长。第四，他和孔子是见过面的，见面不知在那一年。清儒阎若璩据《礼记·曾子问》说是在鲁昭公二十四年（前五一八），孔子三十四岁时（《四书释地续》）。林春溥据《庄子·天运》说是在鲁定公八年（前五〇一），孔子

――――――――――

① 本文节选自梁启超《老子哲学》，发表在1921年5月、8月《哲学》第一期、第二期。

五十一岁时。依我看来，后说较为可信。因为孔子五十岁以后，思想上变化很大，大概是受了老子的影响。我们为什么研究这些年代呢？因为要知道老子是什么时候的人。孔子五十一岁见老子的话若真，老子若是长孔子二十岁，那时应该七十多岁，若长三十岁，应该八十多岁了。因此可以推定老子的生年，应在周简王末周灵王初，约在西历纪元前五百七八十年间了。第五，有一位老莱子，一位太史儋，和他是一人还是两人三人，连司马迁也闹不清楚。可见古代关于老子的传说很多。第六，他死在中国，《庄子·养生主》是有明文的。可见后来说什么"西度流沙化胡"咧，"升仙"咧，都是谣言。第七，他有个儿子名宗，曾为魏将，可以知道他离战国时甚近。

在这些材料里头，有两点应特别注意：第一，老子是楚国或陈国人，当时算是中国的南部。北方人性质严正保守；南方人性质活泼进取，这是历史上普通现象。所以老子学术，纯带革命的色彩。第二，他做"守藏史"这官，极有关系，因为这地位是从前宗教掌故的总汇。《汉志》所谓"史官历记成败存亡祸福古今之道，然后知秉要执本"，可见得这样高深的学术，虽由哲人创造，却也并不是一无凭借哩。

老子的学说①

　　老子的学说，是最高深玄远的，而且骤然看去很像无用，恐怕把诸君的兴味打断了，所以我先奉劝诸君几句话。头一件，诸君虽然听得难懂，还须越发留心听下去，因为你的脑有一种神秘力会贮藏识想，久后慢慢发芽。你现在虽不懂，将来要懂起来。我的讲议总可以给你一个大帮助，像吃橄榄，慢慢地会回甘哩。第二件，诸君别要说这种学问无用，因为我们要做事业要做学问，最要紧是把自己神智弄得清明，正和做生意的人要有本钱一般。像老子、庄子，乃至后来的佛学，都是教我们本钱的方法。我第一次讲学问分类的时候，说那第二类精神生活向上的学问，一部分就是指这些。这些操练心境的学问，恰恰和你们学体育来操练身体一般，万不可以说它无用。

　　如今讲到本题了，研究老子学说就是研究这部"五千言的《老子》"。这部书有人叫它做《道德

①　本文节选自梁启超《老子哲学》。

经》，虽然是后起的名称，但他全部讲的不外一"道"字，那是无可疑了。这书虽然仅有五千字，但含的义理真多。我替诸君理出个眉目，分三大部门来研究：第一部门是说道的本体，第二部门是说道的名相，第三部门是说道的作用。

本体论

什么叫做本体论？人类思想到稍为进步的时代，总想求索宇宙万物从何而来，以何为体，这是东西古今学术界久悬未决的问题。据我想来，怕是到底不能解决。但虽然不能解决，学者还是喜欢研究他。研究的结果，虽或对于解决本问题枉用工夫，然而引起别方面问题的研究，于学术进步，就极有关系了。今为引起诸君兴味起见，要把全世界学术界对于这问题的大势，用最简略的语句稍为说明。

这个问题最初的争辩，就是"有神论"和"无神论"。有神论一派，说宇宙万有都是神创造的，然则宇宙无体，神就是它的体。我们不必研究宇宙，只要研究"神"就够了。但"神"这样东西，却是只许信仰，不许研究，所以主张有神论的，归根便到学问范围以外，总要无神论发生，学问才会成立，所谓"本体论"才会成个问题。第二步的争辩，就是"一元论""二元

论""多元论",或是"唯物论""唯心论""心物并行论",其错综关系略如下:

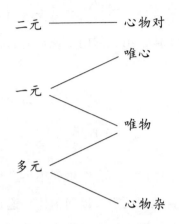

既已将神造论打破,则万有的本体,自然求诸万有的自身。最初发达的,是从客观上求,于是有一元的唯物论或多元的唯物论。一元的唯物论,达的,是从客观上求,于是有一元的唯物论或多元的唯物论。一元的唯物论,当很幼稚的时代,是在万物中拈出一物认他为万物之本,如希腊的德黎士[①](Thales)说水为万物之本,波斯教说火为万物之本;印度有地宗、水宗、火宗、风宗、空宗、方宗、时宗等。多元的唯物论,如中国阴阳家言"五行化生万物"、印度顺世外道言"四大(地火水风)生一切有情"等。还有心物混杂的多元论,如印度胜论宗说万有由九种事物和合而生,一地二水三火四

---

① 即古希腊哲学家泰勒斯。

风五空六时七方八我九意。但多元论总是不能成立，因为凡研究本体的人，原是要求个"一以贯之"的道理，这种又麻烦又有罅漏的学说，自然不能满意，所以主张唯物论的人，结果趋向到一元，印度诸外道所说的"极微"，近世欧美学者说原子的析合、电子的振动，算是极精密之一元的唯物论了。以上所说各派的人，都是向客观的物质求宇宙本体。但仔细研究下去，客观的物质是否能独立存在，却成了大问题。譬如这里一张桌子、一块黑板，拿常识看过去，都说是实有其物，但何以说它是有？是由我的眼看见，由我的心想到。然则桌子黑板，是否能离开了我们意识独立存在？假如我们一群人都像桌子一般没有意识，是否世界上还能说有这块黑板？我们一群人都像黑板一般没有意识，是否世界上还能说有这张桌子？再换一方面说，诸君今日听我说了桌子黑板之后，明天虽然把这桌子黑板撤去，诸君闭眼一想，桌子黑板，依然活活现出来。乃至隔了许多年，诸君离开学校到了外国，一想起今日的事情，桌子黑板，还牢牢在诸君心目中。这样说来，桌子黑板的存在，不是靠他的自身，是靠我们的意识。简单说，就是只有主观的存在，没有客观的存在。这一派的主张，就是唯心的一元论。

在欧洲哲学史上，唯物唯心两派的一元论，直闹了二千多年，始终并未解决。其中还常常有心物对立的二元论来调和折中，议论越发多了。再进一步，本体到底是"空"呀还是"有"呢，又成了大问题。主张唯物论的，骤看过去，好像是说"有"了，但由粗的物质推到原子，由原子推到电子、电子的振动，全靠那视而不见听而不闻的"力"，到底是"有"还是"空"，就很难说了。主张唯心论的，骤看过去，好像是说"空"了，但唯心论总靠"我"自己做出发点。"我"到底有没有呢？若是连"我"都没有，怎么能用思想呢？所以法国大哲笛卡儿有句很有名的话，说"我思故我在"，我既不"空"，那么宇宙本体自然也都不"空"了。所以这"空有"的问题，也打了几千年官司，没有决定。这是印度人和欧洲人研究本体论的大略形势。

佛说却和这些完全不同，佛说以为什么神咧、非神咧、物咧、心咧、空咧、有咧，都是名相上的话头，一落名相，便非本体。本体是要离开一切名相才能证得的。《大乘起信论》说得最好：

> 依一心法有二种门……一者心真如门，二者心生灭门。是二种门皆各总摄一切法……以是二门不相离故。

心真如门是说本体，心生灭门是说名相。真如的本体怎么样呢？他说：

> 是故一切法，从本已来，离言说相，离名字相，离心缘相，毕竟平等。无有变异，不可破坏。

唯是一心，故名真如。以一切言说假名无实，但随妄念，不可得故。言真如者，亦无有相，谓言说之极，因言遣言。此真如体无有可遣，以一切法悉皆真故，亦无可立，以一切法皆同如故。当知一切法不可说不可念，故名为真如。

我们且看老子的本体论怎么说法。他说：

有物混成，先天地生，寂兮寥兮，独立而不改，周行而不殆，可以为天下母。吾不知其名，字之曰"道"，强名之曰"大"。

又说：

天法道，道法自然。

又说：

谷神不死，是谓玄牝。玄牝之门，是谓天地根，绵绵若存，用之不勤。

又说：

玄之又玄，众妙之门。

又说：

道冲而用之，或不盈，渊兮似万物之宗……湛兮似或存。吾不知谁之子，象帝之先。

又说：

视之不见名曰夷，听之不闻名曰希，搏之不得名曰微，此三者不可致诘，故混而为一……绳绳兮不可名，复归于无物，是谓无状之状，无物之象，是谓惚恍。迎之不见其首，随之不见其后。

又说：

道之为物，惟恍惟惚。惚兮恍兮，其中有象。
恍兮惚兮，其中有物。窈兮冥兮，其中有精。其精
甚真，其中有信。

又说：

微妙玄通，深不可识，夫唯不可识，故强为
之容。

我们要把这几段话细细地研究出个头绪来。他说的
"先天地生"，说的"是谓天地根"，说的"象帝之
先"，这分明说道的本体，是要超出"天"的观念来。
他把古代的"神造说"极力破除，后来子思说"天命之
谓性，率性之谓道"，董仲舒说"道之大原出于天"，
这都是说颠倒了。老子说的是"天法道"，不说"道法
天"，是他见解最高处。

他说"有物混成"，岂不明明说道体是"有"吗？
他怕人误会了，所以又说"视之不见……听之不闻……
搏之不得……绳绳兮不可名，复归于无物"。然则道体
岂不是"无"吗？他又怕人误会了，赶紧说"是谓无状
之状，无物之象"。又说"惚兮恍兮，其中有象，恍兮
惚兮，其中有物"。然则道体到底是有还是无呢？老子
的意思以为有咧无咧，都是名相的边话，不应该拿来说
本体。正如《起信论》说的："真如自性，非有相，非

无相，非非有相，非非无相，非有无俱相。"然则为什么又说有说无呢？所谓"因言遣言"，既已知我们说这"道"，不能不假定说是有物，你径认它是"有"却不对了，不得已说是"非有"，你径认它是"非有"，又不对了，不得已说是"非非有"。其实有无两个字都说不上，才开口便错。这是老子反复叮咛的意思。

究竟道的本体是怎么样呢？它是"寂兮寥兮""视之不见听之不闻搏之不得"的东西，像《起信论》说的"如实空"。它是"其中有精，其精甚真，其中有信"的东西，像《起信论》说的"如实不空"。它是"独立而不改周行而不殆"的东西，像《起信论》说的"毕竟平等无有变异不可破坏"。它是"可以为天下母""似万物之宗""是谓天地根"的东西，像《起信论》说的"总摄一切法"。《庄子·天下》批评老子学说，"以虚空不毁万物为实"，这句话最好。若是毁万物的虚空，便成了顽空了。如何能为万物宗为天地根呢？老子所说，很合着佛教所谓"真空妙有"的道理。

它的名和相，本来是不应该说的，但既已开口说了，只好勉强找些形容词来。所以说，"微妙玄通深不可识，夫惟不可识，故强为之容"。试看他怎么强为之容：他说了许多"寂兮寥兮""窈兮冥兮""惚兮恍兮恍兮惚兮"，又说"渊兮似……""湛兮似……"，又说"豫焉若……犹然若……俨兮若……涣兮若……敦兮其若……旷兮其若……混兮其若……"，不直说"万物之宗"，但说"似万物之宗"。不直说"帝之先"，但说"象帝之先"。不直说"不盈"，但说"或不盈"。不直说"存"，但说"绵绵若存"。因为说一种相，怕人跟着所说误会了，所以加上种种不定的形容词，叫你别要认真。

"名"也是这样，他说"吾不知其名，字之曰道，强名之曰大"，又说"是谓玄牝"，又说"玄之又玄"，又说"无状之状，无象之象，是谓惚恍"。因为立一个名，怕人跟着所立误会了，所以左说一个，右说一个，好像是迷离惝恍，其实是表示不应该立名的意思。

然则我们怎么样才能领会这本体呢，佛经上常说"不可思议"，寻常当作"不能够思议"解，是错了。他说的是"不许思议"，因为一涉思议便非本体，所以《起信论》说"离念境界唯证相应"。老子说的，也很有这个意思。他说"知者不言，言者不知"，又说"其出弥远，其知弥少"，又说"为学日益，为道日损，损之又损，以至于无为"。因为要知道道的本体，是要参证得来的，不是靠寻常学问智识得来的，所以他又说"绝学无忧"，他又说"上士闻道，勤而行之；中士闻道，若存若亡；下士闻道，大笑之。不笑不足以为道也"。道的本体，既然是要离却寻常学问智识的范围去求，据一般人想来，离却学问智识，还求个什么呢？求起来有什么用处呢？怪不得要大笑了。

名相论

本体既是个不许思议的东西，所以为一般人说法，只得从名相上入手。名相剖析得精确，也可以从此悟入真理。佛教所以有法相宗，就是这个缘故。我们且看老子的名相论，是怎么样。他的书第一章，就是说明本体和名相的关系。他说道：

> 道可道，非常道；名可名，非常名。无名天地之始，有名万物之母。故常无，欲以观其妙；常有，欲以观其徼。此两者，同出而异名。同谓之玄，玄之又玄，众妙之门。（断句有与旧不同处应注意）

这一章本是全书的总纲，把体、相、用三件都提挈起来。头四句是讲的本体，他说："道本来是不可说的，说出来的道，已经不是本来常住之道了。名本来不应该立的，立一个名，也不是真常的名了。"但是既已不得已而立些"名"，那"名"应该怎样分析呢？他第五六两句说道："姑且拿个无字来名那天地之始，拿个有字来名那万物之母罢。"上句说的就是《起信论》的"心真如门"，下句说的就是那"心生灭门"，然则研究这些名相有什么用处呢？他第七第八两句说："我们常要做'无'的工夫，用来观察本来的妙处；又常要做'有'的工夫，用来观察事物的边际。"他讲了这三段话，又怕人将有无分为两事，便错了，所以申明几句，说："这两件本来是同的，不过表现出来名相不同，不同的名叫做有无，同的名叫做什么呢？可以叫做'玄'。"这几句又归结到本体了。

［附言］老子书中许多"无"字，最好作"空"字解。"空"者像一面镜，镜内空无一物，而能照出一切物来。老子说的"无"，正是这个意。

然则名相从哪里来呢？老子以为从人类"分别心"来。他说道：

> 天下皆知美之为美，斯恶已。皆知善之为善，斯不善已。故有无相生，难易相成，长短相较，高下相倾，音声相和，前后相随。

他的意思是说："怎么能知道有'美'呢？因为拿个'恶'和它比较出来，所以有'美'的观念，同时便有'恶'的观念。怎么能知道有'善'呢？因为拿个'不善'和它比较出来，所以有'善'的观念，同时便有'不善'的观念。所谓'有无''难易''长短''高下''前后'等等名词，都是如此。"他以为宇宙本体原是绝对的，因这分别心才生出种种相对的名，所以他又说：

自古及今，其名不去，以阅众甫（阅同说，众甫谓万物之始），吾何以知众甫之状哉？以此。

意谓："人类既造出种种的名，名一立了，永远去不掉。就拿名来解说万有，我们怎么样能知道万有呢？就靠这些名。"《楞严经》说的"无同异中炽然成异"，即是此意。

既已有名相，那名相的孳生次第怎么样呢？他说：

道生一，一生二，二生三，三生万物。

这段话很有点奇怪，为什么不说"一生万物"呢？为什么不说"一生二，二生万物"呢？又为什么不说"二生四，四生万物"呢？若从表面上文义看来，那演的式是：

一→二→三→万物

这却有什么道理讲得通呢？我想老子的意思，以为一和二是对待的名词，无"二"则并"一"之名亦不可得。既说个"一"自然有个"二"和它他对待，所以说"一生二"。一二对立，成了两个，由两个生出个"第三个"来，所以说"二生三"。生出来的"三"成了个独立体，还等于"一"。随即有"二"来和它对待，生的"三"不止一个。个个都还等于"一"，无数的一和二对待，便衍成"万"了，所以说"三生万物"。今试命一为甲，命二为乙，命所生之三，为丙丁戊己等，那演的式应该如下：

道 → 一（甲）、二（乙） → 三
┌ （丙） 一（甲）、二（乙） → 三 ┌ （庚） 一（甲）、二（乙） → 三（癸）＝一（甲）
│   ├ （辛）＝一（甲）
│   └ （壬）＝一（甲）
├ （丁）＝一（甲）
├ （戊）＝一（甲）
└ （己）＝一（甲）

生物的雌雄递衍，最容易说明此理，其他一切物象事象，都可以说是由正负两面衍生而来。所以老子说：

> 天地之间，其犹橐籥乎，虚而不屈，动而愈出。

"天地"，即是"阴阳""正负"的代表符号，亦即是"一二"的代表符号。他拿乐器的空管比这阴阳正负相摩相荡的形相，说它本身虽空洞无物，但动起来可以出许多声音，越出越多。这个"动"字，算得是万有的来源了。

然则这些动相是从哪里来呢？是否另外有个主宰来叫他动？老子说：

> 道法自然。

又说：

> 莫之命而常自然。

"自然"是"自己如此"，掺不得一毫外界的意识。"自然"两个字，是老子哲学的根核。贯通体、相、用三部门，自从老子拈出这两个字，于是崇拜自然的理想，越发深入人心。"自然主义"，成了我国思想的中坚了。

老子以为宇宙万物自然而有动相，亦自然而有静相，所以说：

> 万物并作，吾以观复，夫物芸芸，各复归其根，归根曰静。

"复"字是"往"字的对待名词，"万物并作"，即所谓"动而愈出"，所谓"出而异名"，都是从"往"的方面观察的。老子以为无往不复，从"复"的方面观察，都归到它的"根"。根是什么呢？就是"玄牝之门，绵绵若存"的"天地根"，就是"橐籥"，就是"绳绳兮不可名，复归于无物"。所以他又说：

> 天下万物生于有，有生于无。

这是回复到本体论了。若从纯粹的名相论上说，"无"决不能生"有"，老子的意思，以为万有的根，实在那"非有非无非非有非非无"的本体，既已一切俱非，所以姑且从俗，说个"无"字。其实这已经不是名相上的话。

老子既把名相的来历说明，但他以为这名相的观念不是对的。他说：

> 民莫之令而自均，始制有名，名亦既有，夫亦将知之，知之所以不治。（从胡适校本）

这是说："既制出种种的名，人都知有名，知有名便不治了。"这话怎么讲呢？他说：

　　唯之与阿，相去几何？善之与恶，相去何若？

又说：

　　名与身孰亲？得与亡孰病？

又说：

　　祸兮福之所倚，福兮祸之所伏……人之迷，其
日固已久。

　　老子以为名相都由人类的分别心现出来。这种分别
心靠得住吗？你说这是善，那是恶，其实善恶就没一定
的标准，一定的距离。你想的是得，怕的是失（亡），
其实得了有什么好处？失了有什么坏处呢？人人都求福
畏祸，殊不知祸就是福，福就是祸？《老子》全部书
中，像这类的话很多，都含着极精深的道理。我们试将
他"善之与恶，相去何若"这句来研究一下，譬如欧洲
这回大战，法国人恨不得杀尽德国人，德国人恨不得杀
尽英国人，试问他，你这种行为是善么？他说是善呀。
为什么是善？他说是我爱国，爱国便是善。其实据我们
旁观看起来，或者几十年以后的人看起来，这算得是善
吗？又如希伯来人杀了长子祭天叫做善，不肯杀的叫做
恶，到底谁善谁恶呢？又如中国人百口同居叫做善，弟
兄分家叫做恶，到底谁善谁恶呢？老子说："善之与
恶，相去何若？"就是此意。他以为标了一个善的标
准，结果反可以生出种种不善来，还不如把这种标准除
去倒好些。他以为这种善恶的名称，都是人所制的，和

自然法则不合，却可恨的"自古及今，其名不去"。故说是"人之迷，其日固已久"。懂得这点意思，才知道他为什么说"夫礼者，忠信之薄，而乱之首"。为什么说"大道废，有仁义；慧智出，有大伪；六亲不和，有孝慈；国家昏乱，有忠臣"。为什么说"天下多忌讳，而民弥贫；民多利器，国家滋昏；人多伎巧，奇物滋起；法令滋彰，盗贼多有"。为什么说"绝圣弃智，民利百倍；绝仁弃义，民复孝慈；绝巧弃利，盗贼无有"。这些都不是诡激之谈，实在含有许多真理哩。

老子以为这些都是由分别妄见生出来，而种种妄见，皆由"我相"起。所以说：

> 吾所以有大患者，为吾有身。及吾无身，吾有何患。

这是破除"分别心"的第一要着，连自己的身都不肯自私，那么，一切名相都跟着破了。所以他说：

> 万物将自化，化而欲作，吾将镇之以无名之朴。

所谓"无名之朴"，就是把名相都破除，复归于本体了。

老子这些话对不对，我且不下批评，让诸君自由研究。但我却要提出一个问题，就是"无名之朴"和"自然主义"有无冲突。老子既说："莫之命而常自然"，那自然的结果，是个"动而愈出""万物并作"，老子对于这所出的所作的，都要绝他、弃他、去他，恐怕不是"自然"罢。我觉得老子学说有点矛盾不能贯彻之处，就在这一点。

作用论

五千言的《老子》，最少有四千言是讲道的作用。但内中有一句话可以包括一切，就是：

常无为而无不为。

这句话书中凡三见，此外互相发明的话还很多，不必具引。这句话直接的注解，就是卷首那两句："常无，欲以观其妙；常有，欲以观其徼。"常无，就是常无为；常有，就是无不为。

为什么要常无为呢？老子说：

三十辐共一毂，当其无，有车之用。埏埴以为器，当其无，有器之用。凿户牖以为室，当其无，有室之用。故有之以为利，无之以为用。

上文说过，《老子》书中的"无"字，许多当作"空"字解。这处正是如此。寻常人都说空是无用的东西，老子引几个譬喻，说：车轮若没有中空的圆洞，车便不能转动；器皿若无空处，便不能装东西；房子若没有空的门户窗牖，便不能出入，不能流通空气。可见空的用处大着哩。所以说："无之以为用。"老子主张无为，那根本的原理就在此。

老子喜欢讲无为，是人人知道的，可惜往往把无不为这句话忘却，便弄成一种跛脚的学说。失掉老子的精神了，怎么才能一面无为，一面又无不为呢？老子说：

> 是以圣人处无为之事，行不言之教，万物作焉而不辞，生而不有，为而不恃，功成而弗居，夫惟弗居，是以不去。

又说：

> 明白四达，能无知乎？生之畜之，生而不有，为而不恃，长而不宰，是谓玄德。

又说：

> 万物恃之以生而不辞，功成而不居，衣养万物而不为主。

作而不辞，生而不有，为而不恃，长而不宰（即衣养万物而不为主），功成而不居，这几句话，除上文所引三条外，书中文句大同小异的还有两三处。老子把这几句话三翻四覆来讲，可见是他的学说最重要之点了。这几句话的精意在哪里呢？诸君知道，现在北京城里请来一位英国大哲罗素先生，天天在那里讲学吗？罗素最佩服老子这几句话，拿他自己研究所得的哲理来证明，他说："人类的本能，有两种冲动，一是占有的冲动，一是创造的冲动。占有的冲动是要把某种事物，据为己有。这些事物的性质是有限的，是不能相容的。例如经济上的利益，甲多得一部分，乙丙丁就减少得一部分。

政治上的权力，甲多占一部分，乙丙丁就丧失了一部分。这种冲动发达起来，人类便日日在争夺相杀中。所以这是不好的冲动，应该裁抑的。创造的冲动正和他相反，是要某种事物创造出来，公之于人。这些事物的性质是无限的，是能相容的。例如哲学、科学、文学、美术、音乐，任凭各人有各人的创造，愈多愈好，绝不相妨。创造的人，并不是为自己打算什么好处，只是将自己所得者传给众人，就觉得是无上快乐。许多人得了他的好处，还是莫名其妙，连他自己也莫名其妙。这种冲动发达起来，人类便日日进化。所以这是好的冲动，应该提倡的。"罗素拿这种哲理做根据，说老子的"生而不有，为而不恃，长而不宰"，是专提倡创造的冲动。所以老子的哲学，是最高尚而且最有益的哲学。

我想罗素的解释很对，老子还说：

> 天之道，损有余而补不足；人之道则不然，损不足以奉有余，孰能有余以奉天下？唯有道者，是以圣人为而不恃，功成而不处。

"损有余而补不足"，说的是创造的冲动。是把自己所有的来帮助人。"损不足以奉有余"，说的是占有的冲动。是抢了别人所有的归自己。老子说"什么人才能把自己所有的来贡献给天下人，非有道之士不能了"。老子要想奖励这种"为人类贡献"的精神，所以在全书之末用四句话作结，说道：

> 既以为人己愈有，既以与人己愈多，天之道利
> 而不害，圣人之道为而不争。

这几句话，极精到又极简明。我们若是专务发展创造的本能，那么，它的结果，自然和占有的截然不同。譬如我拥戴别人做总统做督军，他做了却没有我的分，这是"既以为人己便无"了。我把自己的田产房屋送给人，送多少自己就少去多少，这是"既以与人己便少"了。凡属于"占有冲动"的物事，那性质都是如此。至于创造的冲动却不然。老子、孔子、墨子给我们许多名理学问，他自己却没有损到分毫。诸君若画出一幅好画给公众看，谱出一套好音乐给公众听，许多人得了你的好处，你的学问还因此进步，而且自己也快活得很。这不是"既以为人己愈有，既以与人己愈多"吗，老子讲的"无不为"，就是指这一类。虽是为实同于无为，所以又说，"为无为则无不治"。

篇末一句的"为而不争"和前文讲了许多"为而不有"意思正一贯。凡人要把一种物事据为己有，所以有争，"不有"自然是"不争"了。老子又说："上仁为之而无以为"，韩非子解释他，说是"生于心之所不能已也，非求其报也"（《解老》篇）。无求报之心，正是"无所为而为之"，还有什么争呢？老子看见世间人实在争得可怜，所以说：

> 天之道不争而善胜。

> 夫唯不争故无尤。

> 上善若水，水善利万物而不争。

> 江海所以能为百谷王者，以其善下之……以其不争，故天下莫与之争。

> 不自见故明，不自是故彰，不自伐故有功，不自矜故长，夫唯不争，故天下莫能与之争。

然则有什么方法叫人不争呢？最要紧是明白"不有"的道理。老子说：

> 天长地久，天地所以能长且久者，以其不自生，故能长生。是以圣人后其身而身先，外其身而身存，非以其无私耶。

老子提倡这无私主义，就是教人将"所有"的观念打破，懂得"后其身外其身"的道理。还有什么好争呢？老子所以教人破名除相，复归于无名之朴，就是为此。

诸君听了老子这些话，总应该联想起近世一派学说来。自从达尔文发明生物进化的原理，全世界思想界起一个大革命。他在学问上的功劳，不消说是应该承认的。但后来把那"生存竞争优胜劣败"的道理，应用在人类社会学上，成了思想的中坚，结果闹出许多流弊。这回欧洲大战，几乎把人类文明都破灭了。虽然原因很多，达尔文学说不能不说有很大的影响。就是中国近年，全国人争权夺利像发了狂。这些人虽然不懂什么学问，口头还常引严又陵译的《天演论》来当护符呢。可见学说影响于人心的力量最大。怪不得孟子说"生于其心，害于其政，发于其政，害于其事"了。欧洲人近来所以好研究老子，怕也是这种学说的反动吧。

老子讲的"无为而无不为""为之而无以为"这些学说，是拿他的自然主义做基础产生出来。老子以为自然的法则，本来是如此，所以常常拿自然界的现象来比方。如说"天之道利而不害""天之道不争而善胜""天之道损有余而补不足"，又说"上善若水"，都讲的是自然状态和"道"的作用很相合，教人学他。在人类里头，老子以为小孩子和自然状态比较的相近，我们也应该学他。所以说"专气致柔，能婴儿乎？"又说"常德不离，复归于婴儿"，又说"我独泊兮其未兆，如婴儿之未孩"，又说"圣人皆孩之"，然则小孩子的状态怎么样呢？老子说：

> 含德之厚，比于赤子。……骨弱筋柔而握固……精之至也。……终日号而不嗄，和之至也。

小孩子的好处，就是天真烂缦，无所为而为。你看他整天张着嘴在那里哭，像是有多少伤心事。到底有没有呢？没有，这就是"无为"。并没有伤心，却是哭得如此热闹，这就是"无为而无不为"。老实讲，就是一个"无所为"。这"无所为主义"最好。孔子的席不暇暖，墨子的突不得黔，到底所为何来？孔子墨子若曾打算盘，只怕我们今日便没有这种宝贵的学说来供研究了。所以老子又说"众人皆有以，而我独顽似鄙"，说的是"别人都有所为而为之，我却是像顽石一般，什么利害得丧的观念都没有"。老子的得力处就在此。所以他说："以辅万物之自然而不敢为。"又说："功成事遂，百姓皆谓我自然。"

老子以为自然状态应该如此。他既主张"道法自然"，所以要效法它。于是拿这种理想推论到政术，说道：

> 古之善为道者，非以明民，将以愚之。民之难治，以其智多。故以智治国国之贼，不以智治国国之福。

又说：

> 小国寡民，使有什伯之器而不用，使民重死而不远徙。虽有舟舆，无所乘之；虽有甲兵，无所陈之。使人复绳结而用之，甘其食，美其服，安其居，乐其俗。邻国相望，鸡犬之声相闻，民至老死不相往来。

我们试评一评这两段话的价值。"非以明民，将以愚之"这两句，很为后人所诟病，因为秦始皇、李斯的"愚黔首"都从这句话生出来，岂不是老子教人坏心术吗？其实老子何至如此？他是个"为而不有"的人，为什么要愚弄别人呢？须知他并不是光要愚人，连自己也愚在里头。他不说的"我独顽似鄙""如婴儿之未孩"

吗？他以为从分别心生出来的智识总是害多利少，不如捐除了它，所以说，"以智治国国之贼，不以智治国国之福"。这分明说，不独被治的人应该愚，连治的人也应该愚了。然则他这话对不对呢？我说，对不对暂且不论，先要问做得到做不到。小孩子可以变成大人，大人却不会再变成小孩子，想人类由愚变智有办法，想人类由智变愚没有办法。人类既已有了智识，只能从智识方面尽量地浚发，尽量地剖析，叫他智识不谬误，引到正轨上来。这才算顺人性之自然，"法自然"的主义才可以贯彻。老子却要把智识封锁起来。这不是违反自然吗？孟子说"大人不失其赤子之心"，须知所谓"泊然如婴儿"这种境界，只有像老子这样伟大人物才能做到。如何能责望于一般人呢？

像"小国寡民"那一段，算得上老子理想之"乌托邦"，这种乌托邦好不好，是别问题，但问有什么方法能令它出现，则必以人民皆愚为第一条件。这是办得到的事吗？所以司马迁引了这一段，跟着就驳他，说道："神农以前吾不知矣。至若《诗》《书》所述，虞夏以来，耳目欲极声色之好，口欲穷刍豢之味，身安逸乐，而心夸矜势能之荣，使俗之渐民久矣。虽户说以眇论，终不能化。"（《史记·货殖列传》）这是说老子的理想决然办不到，驳得最为中肯。老子的政术论所以失败，根本就是这一点。失败还不算，倒反叫后人盗窃他的文句，做专制的护符，这却是老子意料不到的了。

老子书中许多政术论，犯的都是这病。所以后人得不着他用处，但都是"术"的错误，不是"理"的错误。像"不有""不争"这种道理，总是有益社会的，总是应该推行的，但推行的方法，应该拿智识做基础。智识愈扩充，愈精密，真理自然会实践。老子要人灭了智识冥合真理，结果恐怕适得其反哩。

老子教人用功最要紧的两句话是：

为学日益，为道日损。

他的意思是：若是为求智识起见，应该一日一日地添些东西上去；若是为修养身心起见，应该把所有外缘逐渐减少。这种理论的根据在哪里呢？他说：

五色令人目盲，五音令人耳聋，五味令人口爽，驰骋畋猎令人心发狂，难得之货令人行妨。

这段话对不对呢？我说完全是对的。试举一个例子，我们的祖宗晚上点个油灯，两根灯草，也过了几千年了。近来渐渐用起煤油灯，渐渐用起电灯。从十几支烛光的电灯加到几十支几百支，渐渐大街上当招牌上的电灯，装起五颜六色来。渐渐又忽燃忽灭地在那里闪。这些都是我们视觉渐钝的原因，又是我们视觉既钝的结果。初时因为有了亮灯，把目力漫无节制的乱用，渐渐地消耗多了。用惯亮灯了后，非照样的亮，不能看见。再过些日子，照样的亮也不够了，还要加亮。加一加一加一加到无了期，总之因为视觉钝了之后，非加倍刺激，不能发动他的本能，越刺激越钝，越钝越刺激，原因结果，相互循环。若照样闹下去，经过几代遗传，非"令人目盲"不可。此外五声五味，都同此理。近来欧美人患神经衰弱病的，年加一年，烟酒等类麻醉兴奋之品日用日广，都是靠他的刺激作用。文学美术音乐，都是越带刺激性的越流行，无非神经疲劳的反响越刺激，疲劳越甚。像吃辣椒吃鸦片的人，越吃量越大。所以有人说这是病的社会状态，是文明破灭的征兆。虽然说得太过，也不能不算含有一面真理。老子是要预防这种病的状态，所以提倡"日损"主义，又说：

治人事天莫若啬。

韩非子解这"啬"字最好。他说：

视强则目不明，听甚则耳不聪，思虑过度则智识乱。……啬之者，爱其精神，啬其智识也。……众人之用神也躁，躁则多费，多费谓之侈。圣人之用神也静，静则少费，少费谓之啬。……神静而后和多，和多而后计得，计得而后能御万物。（《解老》篇）

这话很能说明老子的精意。老子说"去甚去奢去泰"，说"见素抱朴少私寡欲"，说"致虚极守静笃"，都是教人要把精神用之于经济的，节一分官体上的嗜欲，得一分心境上的清明。所以又说：

祸莫大于不知足，咎莫大于欲得，故知足之足
常足矣。

凡官体上的嗜欲，那动机都起于占有的冲动，就是
老子所谓"欲得"。既已常常欲得，自然常常不会满
足，岂不是自寻烦恼，把精神弄得很昏乱，还能够替
世界上做事吗？所以老子"少私寡欲"的教训，不当专
从消极方面看，还要从积极方面看。他又说："知人者
智，自知者明，胜人者有力，自胜者强。"自知、自胜
两义，可算得老子修养论的入门了。

常人多说《老子》是厌世哲学。我读了一部《老
子》，就没有看见一句厌世的语。他若是厌世，也不必
著这五千言了。老子是一位最热心热肠的人。说他厌世
的，只看见"无为"两个字，把底下"无不为"三个字
读漏了。

《老子》书中最通行的话，像那"不敢为天下
先""知其雄，守其雌，为天下溪。知其白，守其黑，
为天下谷"，"将欲翕之，必固张之。将欲弱之，必固
强之"，都很像是教人取巧。就老子本身论，像他那种
"为而不有，长而不宰"的人，还有什么巧可取。不过
这种话不能说没有流弊，将人类的机心揭得太破，未免
教猱升木了。

老子的大功德，是在替中国创出一种有统系的哲
学。他的哲学，虽然草创，但规模很宏大，提出许多问

题供后人研究。他的人生观，是极高尚而极适用。《庄子》评论他："以本为精，以末为粗，以有积为不足，澹然独与神明居。……常宽容于物，不削于人，可谓至极，关尹、老聃乎！古之博大真人哉！"这几句话可当得老子的像赞了。

老子的门派①

老学之正统派，或当推关尹、列御寇，惜其著述今皆不传，仅从《庄子》中见其崖略。其后蜕变衍生者，有极端个人享乐主义之杨朱一派，有出世间法之庄周一派，有自然断灭主义之彭蒙、田骈、慎到一派。

关尹、列御寇

《史记》称老子五千言乃应关尹之请而作，《庄子·天下》以关尹与老聃并称，则尹与老子因缘极深可想见。《汉志》道家有《关尹子》九篇，今佚。诸子中引尹言不少，而最切要者莫如《天下》篇，谓："以空虚不毁万物为实。"又曰："在己无居，形物自著，其动若水，其静若镜，其应若响。""空虚不毁万物为实"一语，与大乘佛教之宇宙观若合符契，所谓即空即有也。唯其如此，故能无居而物自著，故能动若水而静

---

① 本文节选自梁启超《老孔墨以后学派概观》。

若镜。读此数句，则后此大乘佛教何以能盛行于中国，其消息可窥一斑。

列御寇，郑人，年代稍后于老子，尝与关尹问答。（见《庄子·达生》《吕氏春秋·审己》）今传《列子》八篇，乃晋张湛伪撰，不可信。乃或并列子其人曾否存在而疑之，则太过矣。《尸子·广泽》《吕氏春秋·不二》并云："列子贵虚。"《庄子·应帝王》云：列子"三年不出，为其妻爨，食豕如食人，于事无与亲，雕琢复朴，块然独以形立。……无为谋府，无为事任，无为知主。……尽其所受乎天而无见得，亦虚而已矣"。其用力处颇类印度之瑜伽宗，其所证之深浅则不可知，要之闻老子之教而实地从事于修证者也。

杨朱

孟子称"杨朱、墨翟之言盈天下，天下之言不归杨则归墨"。庄子亦屡以杨墨并称（《庄子·徐无鬼》称"儒、墨、杨、秉四，与夫子而为五"，"秉"是何宗派竟无可考，亦古代学术史一憾事也），则杨朱为当时一伟大之学派，自无待言。然既无著述传世，即《荀子·非十二子》《庄子·天下》遍论诸派，亦不之及。仅从《孟子》书中知其标"为我"为宗旨，《吕氏春秋·不二》有"阳生贵己"一语，似即指此人，共他各书则无征焉。犹幸伪《列子》中有《杨朱》篇，似从古书专篇采集以充帙者，因此此一派之面目，略可窥见。

庄子两记阳子居事，或云子居即朱，果尔，则朱乃老子弟子也（《杨朱》篇又载朱与禽滑釐问答，滑釐先事子夏后事墨子，若杨朱即阳子，居似与禽子年代不相及），今不必深考。但通观《杨朱》篇全文，则其根本观念，导源于老子，不可诬也。且老孔墨三圣，在当时思想界三分天下，何以孟子不言距老墨而言距杨墨？可知当时老学实以杨朱一派为最盛，孟子之距杨，即所以距老也。

吾幼读《孟子》，窃疑杨朱所标"拔一毛而利天下不为"之主义，何足以成一宗派？及读《杨朱》篇，乃知彼固自有其持之有故言之成理者存，今请述其概。

> 杨朱曰：……身非我有也，既生不得不全之；物非我有也，既有不得而去之。……虽全生身，不可有其身；虽不去物，不可有其物。有其物，有其身，则横私天下之身，横私天下之物。……

据此可见杨朱之所谓"为我"实与浅薄之自私自利观念不同，吾得名之曰"无我的为我主义"。

既已无我，何故复为我？杨朱之言曰：

> 知生之暂来，知死之暂往，故从心而动，不违自然所好，当身之娱非所去也，故不为名所动。从性而游，不逆万物所好，死后之名非所取也，故不

为刑所及。名誉先后，年命多少，非所量也。

杨朱以为苟有我之见存，则为我固为大愚；苟无我之见存，则亦何必不为我？"从心而动不违自然"八字，正是杨朱学说之主脑。彼之人生观，以返于自然状态为究竟目的，故曰："智之所贵，存我为贵。"在自然状态之下，不加一毫修饰，则当前涌现者必为"存我"观念，固其所耳（荀子主张"化性起伪说"，故曰："其善者伪也。"伪是"人为"，凡伦理学上所谓善皆由"人为"生，如损己利物之类是也。杨朱根本不承认"人为"）。

杨朱既言"生暂来死暂往"，则似对于暂而有久者存，对于来往而有不来往者存（参见《楞严经》卷二亭主之喻）。然而杨朱不尔，其言曰：

> 万物所异者生也，所同者死也。生则有贤愚贵贱，是所异也；死则有臭腐消灭，是所同也。虽然，贤愚贵贱，非所能也；臭腐消灭，亦非所能也。……十年亦死，百年亦死，仁圣亦死，凶愚亦死。生则尧舜，死则腐骨；腐骨一矣，孰知其异？

此种极端的断灭论，在印度欧洲哲学界中，说得如此赤裸裸的，亦属罕见。中国诸家哲学，皆堕佛教所谓断见（即死后断灭之说），然在伦理学上尚有一义以济其穷，则子孙观念是也（如《易传》所谓"积善之家必有余庆，积不善之家必有余殃"）。杨朱则并此而破之，其言曰：

> "人而已矣，奚以名为？"……曰："为死"。"既死矣，奚为焉？"曰："为子孙。""名奚益于子孙？"

故杨朱之人生观，可谓彻底的断灭主义，将人生数十年，截头截尾，来无所从，去无所宿；外无所系，内无所主；前无所承，后无所遗。既已如此，则其结论必归于个人现世之快乐主义，固其所也。故杨朱曰：

> 百年，寿之大齐，得百年者千无一焉。设有一者，孩抱以逮昏老，几居其半矣；夜眠之所弭，昼觉之所遗，又几居其半矣；痛疾哀苦，亡失忧惧，又几居其半矣。量十数年之中，逌然而自得，亡介焉之虑者，亦亡一时之中尔；则人之生也，奚为哉？奚乐哉？为美厚耳，为声色耳。而美厚复不可常厌足，声色不可常玩闻。乃复为刑赏之所禁劝，名法之所进退……重囚累梏，何以异哉？

又曰：

> 恣耳之所欲听，恣目之所欲视，恣鼻之所欲向，恣口之所欲言，恣体之所欲安，恣意之所欲行。

此等论调，与孔墨二家及其他之老氏后学，皆立于正反对地位。孔子告颜渊以"四勿"，墨子以自苦为极，关尹、列子、慎到一派皆宗老子"为道日损"之训。虽其所志之彀不同，然其以节性克己为手段则一也。杨朱则对于此种主义，为正面的攻击，根本的解放。若以例欧洲古代，则诸家其希伯来主义，杨朱其希腊主义也。例彼近世，则诸家其宗教改革方面的精神，杨朱其文艺复兴方面的精神也。要而论之，不以"灵"的理性，检制"肉"的情感，此杨朱哲学之最大特色也。此种哲学，在社会上之利害如何，此为别问题，然在思想自由解放之时代，必有此一派以为之点缀。此中外学史上当然之现象，而在我国古代，则杨朱其代表也。

常人既恣肉体之享乐，则于有生常起沾恋，杨朱又不然：

> 孟孙阳问杨子曰："有人于此，贵生爱身以蕲不死，可乎？"曰："理无不死。""以蕲久生，可乎？"曰："理无久生……且久生奚为？五情好恶，古犹今也；四体安危，古犹今也；世事苦乐，古犹今也。……既闻之矣，既见之矣，既更之矣，百年犹厌其多，况久生之苦也乎？"孟孙阳曰："若然，速亡愈于久生，则践锋刃，入汤火，得所志矣。"杨子曰："不然，既生则废而任之，究其欲以俟于死。……何遽迟速于其间乎？"

此种见解，人或目为厌世主义，实亦不然。彼盖别具一种人生观，吾无以名之，名之曰"赤条条的"而已。

杨朱尝为寓言，表示其理想的人格，如下：

> 卫端木叔者，子贡之世也。藉其先资，家累万

金。不治世故，放意所好。其生民之所欲为，人意所欲玩者，无不为也。……及其游也，虽山川阻险，途径修远，无不必之……宾客在庭者日百住，庖厨之下，不绝烟火，堂厅之上，不绝声乐。奉养之余，先散之宗族……次散之邑里……乃散之一国。行年六十，气干将衰，弃其家事，都散其库藏珍宝车服妾媵，一年之中尽焉……不为子孙留财。及其病也，无药石之储；及其死也，无瘗埋之资。

杨朱评之，谓"其所为也，众意所惊，而诚理所取"。其所谓纵情欲者，谓必如是乃为彻底也。

杨朱以此种人生观施诸社会，则其结论如下：

损一毫，利天下，不与也；悉天下，奉一身，不取也。人人不损一毫，人人不利天下，天下治矣。

此其义与伊尹之"一介不与人，一介不以取诸人"亦无甚差别，不过极端论易骇俗耳。孟子遽谓其"无君"，拟诸禽兽，殆未免太过。

杨朱根本观念，既在"从心而动不违自然"，则其从老子之学一转手，渊源甚明。但老氏门下如慎到一派，修证太苦；如庄周一派，理想太玄；独杨朱全以顺应人类低级之本能为教，又值其时社会混乱，一般浅薄之厌世观甚盛，闻其风而悦之者自众，故其言能盈天下也。

后世墨学虽绝，杨学却不衰。在文学中最表现此种精神，如"生年不满百，常怀千岁忧。昼短苦夜长，何不秉烛游？为乐当及时，谁能待来兹？"如"高堂明镜悲白发，朝如青丝暮成雪。人生得意须尽欢，莫使金樽空对月"。诸如此类，彻头彻尾，皆杨朱思想。而二千年来之文学，则皆此思想为之根核也。夫此种极端的现世主义、肉欲主义、断灭主义，其损害社会之健康，自无待言。然在此种主义之下，往往产生"畸人"，超群拔伦之文学家美术家，常有带此色彩者，此又当恶而知其美也。

庄子

昔托尔斯泰因感于"人生无意义"，几于自杀。其后得有宗教的慰仰、精神生活，因而复苏。杨朱一派，盖对于人生无意义之一语，有痛切之感觉；而此种感觉之结果，则归于断灭自恣，校其实，则与自杀无以异也。庄子则从无意义中求出意义，谋人生心物两方面之调和，故其结论与杨朱派截然殊途，而为后此大乘佛教之先河焉。庄子学说之精神，《天下》篇自述而自批评之。其言曰：

芴漠无形，变化无常，死与生与，天地并与，神明往与。芒乎何之？忽乎何适？万物毕罗，莫足以归。古之道术有在于是者，庄周闻其风而悦之。……独与天地精神往来，而不敖倪于万物，不谴是非，以与世俗处。……彼其充实不可以已，上与造物者游，而下与外死生无终始者为友。……虽然，其应于化而解于物也，其理不竭，其来不蜕，芒乎昧乎，末之尽者。

人生之苦痛，皆从生活状态之矛盾而来。肉感与灵感交战，陷于人格分裂，苦莫甚焉。假使人类而能如禽兽，除饮食男女以外，无所寄其情志，虽在此范围中，矛盾已不少，苦痛已甚多。但其苦究为单调的，旋起旋落，可以自支；无奈人类有其固有之灵性，此一点灵性，对于吾侪之肉的生活，常取批评的态度（其批评程度之高下浅深各不同，但无论何人皆有之），于是种种悔恨悲哀恐怖皆由此而起。而吾侪因此乃生一种向上的推求，知现实境界之外，确别有"真我"存在，而此真我即为吾侪最后安慰之所。于是有谓此真我完全与现实境界为二物，必脱离现境，始能与之相应者，则印度多数外道及小乘佛教所说是也。有谓此真我与现境非一非异，吾侪可以不舍离现境而与此真我契合者，则大乘佛教所说是也。而庄子之学则近于大乘者也，所谓"独与天地精神往来"、所谓"充实不可以已，上与造物者游，而下与外死生无终始者为友"，皆言契合真我之义。所谓"不傲倪于万物，不谴是非以与世俗处"、所谓"应于化而解于物也，其理不竭"，皆言不舍离现境之义。《天下》篇又言"内圣外王之道，暗而不明，郁而不发"。庄子著书之意，将以明其暗而发其郁，契合真我者，内圣也。不离现境者，外王也。明此纲领，可以读《庄子》。

慎到及彭蒙、田骈

慎到一派，亦出老子，其所得不如庄子之圆通。《庄子·天下》以彭蒙、田骈、慎到三人并称，且称蒙为骈之师；《荀子·非十二子》则以慎田二人并称。要之此三人学派必大略相同，且为当时大家无疑。

《汉志》有《慎子》四十二篇、《田子》二十五篇。《田子》书今全亡，《慎子》书存若干条，后人辑为五篇。

《庄子·天下》云：

> 公而不当（当训担当之当），易而无私，决然无主，趣物而不两，不顾于虑，不谋于知，于物无择，与之俱往。古之道术有在于是者，彭蒙、田骈、慎到闻其风而悦之。齐万物以为首，曰："天能覆之而不能载之，地能载之而不能覆之，大道能包之而不能辩之。"知万物皆有所可有所不可，故曰："选则不遍，教则不至，道则无遗者矣。"是故慎到弃知去己而缘不得已，泠汰于物以为道理，曰："知不知将薄知而后邻伤之者也。"奚髁无任，而笑天下之尚贤也；纵脱无行，而非天下之大

圣。椎拍輐断，与物宛转，舍是与非，苟可以免。不师知虑，不知前后，魏然而已矣。推而后行，曳而后往，若飘风之还，若羽之旋，若磨石之隧，全而无非，动静无过，未尝有罪。是何故？夫无知之物，无建己之患，无用知之累，动静不离于理，是以终身无誉。故曰："至于若无知之物而已，无用贤圣，夫块不失道。"豪杰相与笑之曰："慎到之道，非生人之行，而至死人之理，适得怪焉。"田骈亦然，学于彭蒙，得不教焉。彭蒙之师曰："古之道人，至于莫之是莫之非而已矣。其风窢然，恶可而言？"常反人不见观，而不免于魭断。其所谓道非道，而所言之韪，不免于非。彭蒙、田骈、慎到不知道。虽然，概乎皆尝有闻者也。

其言"齐万物以为首""知万物皆有所可有所不可"，皆颇契庄子齐物之旨，但彼辈有与庄子大不同处。庄子言"灵台者有持"（《庚桑楚》篇），言"唯道集虚"（《人间世》篇），则心体绝非顽钝无知之物，人之所以能修能证，日以向上者皆恃此。慎到等之说，谓"至于若无知之物而已"，又曰"块不失道"，率天下而学土块，则是断灭宇宙耳。况乎宇宙固非吾侪之所得断灭？故豪杰笑之曰："慎到之道，非生人之行，而至死人之理，适得怪焉。"言其徒怪而不能成理也。田骈学于彭蒙而得不教，亦颇似禅宗之不立语言文字，但其所证何若，则不敢知。据《天下》篇所说，颇类印度外道之栖岩禅坐动经百年者也。故庄子谓"不免于断"（似即断灭之意）而"其所谓道非道"也。《汉志》以慎子列法家，而今传慎子佚文亦确多近法家言。以极端断灭之慎到，曷为与专言世谛之法家有关系耶？举佚文以证《天下》篇，可以察其渊源，慎到主张"至于若无知之物"，其言无知之物所以可贵者，在于"无建己之患，无用知之累，动静不离于理"。以为凡有知之物，必有主观的作用行乎其间，而此主观未必能中理。此所谓建己之患而用知之累也。故慎子曰：

> 厝钧石使禹察锱铢之重，则不识也，悬于权衡，则厘发之不可差。（《意林》引）

又曰：

> 有权衡者不可欺以轻重，有尺寸者不可差以长短，有法度者不可巧以诈伪。（同上）

权衡尺寸，皆"无知之物"，唯其上知，所以能完其权轻重量长短之职。慎子以此理应用于政治上，故反对主观的人治主义，建设物观的法治主义。故曰：

> 君人者舍法而以身治，则诛赏予夺，从君心出。……君舍法以心裁轻重，则同功殊赏，同罪殊罚矣。……分马之用策，分田之用钧，非以策钩为过于人智，所以去私塞怨也。（今本《君人》篇）

策钩皆无知之物，而其效时或过之智，正以其免

"用知之累"也。今世国家，不恃有知之圣君贤相，而恃无知之数十条宪法，即是此理。慎子又曰：

> 民杂处而各有所能者不同，此民之情也。大君者太上也，兼畜下者也，下之所能不同，而皆上之用也。是以大君因民之能为资，尽包而畜之，无能取去焉，必执于方以求于人。故所求者无一足也，大君不择其下，故足。（今本《民杂》篇）

此与《庄子·天下》所言"万物皆有所可有所不可"，"选则不遍……道则无遗"，其义正同。慎子又曰：

> 君之智未必最贤于众也，以未最贤而欲善尽被下，则下不赡矣。若君之智最贤，以一君则尽赡下则劳，劳则有倦，倦则衰，衰则复返于人，不赡之道也。（今本《民杂》篇）

此最合于今世立宪国元首无责任之理，与墨子尚贤尚同主义正相反。

《荀子·非十二子》云：

> 尚法而无法，下修而好作，上则取听于上，下则取从于俗，终日言成文典，反纠察之，则偶然无所归宿，不可以经国定分。然而其持之有故，其言之成理，足以欺惑愚众，是慎到田骈也。

此专就任法一方面批评，荀子为主张人治礼治之人，故对于慎到之法治说，深所不满。至于慎到哲学上之根本观念，则荀子似未见及，盖荀子对于形而上学之理论，本不甚措意也。

慎到等之学，其出于老子甚明，老子称"法令滋彰，盗贼多有"。何故治其学者乃产生法家言耶？盖"无为而治"之学说，非归宿到任法不任人则不能贯彻。观慎到之论，则以法家巨子之韩非，而有《解老》《喻老》之篇，其故可思矣。

屈原

屈原在文学上之位置，独立千古，其文学之价值，非本书范围，今不具论。语其思想，则一大部分受老子之影响，端绪可得而窥也。

当时思想界，大体可分为南北。孔墨皆北派，虽所言条理多相反，然皆重现世，贵实行。老庄产地，对邹鲁言之，可称为南人，其学贵出世尊理想，则南派之特色也。楚人如老莱子、南公之类，皆为道家言，有著述见于《汉志》。《论语》所载接舆、丈人、长沮、桀溺等，皆孔子在楚所遇，则楚人思想，可见一斑。屈子则生育于此种思想空气之人也。屈子为极端厌世之人，结果乃至于自杀，此在思想家中，为绝无仅有之事。其自杀之原因，乃感于人生问题之不能解决，不堪其苦闷，彼自写其情感之勃郁不可抑。云：

纠思心以为纕兮，编愁苦以为膺。……怜思心之不可惩兮，证此言之不可聊。宁溢死而流亡兮，不忍为此之常愁。（《悲回风》篇）

盖其深刻之苦痛，自觉不能忍受，乃至以自杀息肩也。而所以致此苦痛之故，实由感人生之矛盾。《天问》一篇，列举数十事，呵壁而问天，皆表示其对于宇宙及人生有不可解之疑团（《天问》前半为宇宙问题，后半为人生问题）。《卜居》一篇，即对举两种矛盾之生活，而以不可解决为结论者也。《离骚》篇历举女嬃、灵氛、巫咸等种种劝解讨论，皆表示于怀疑苦闷中求解决者也。屈子胸中之矛盾境界，有数语最足以表之。其言曰：

惟天地之无穷兮，哀人生之长勤。往者余弗及兮，来者吾不闻。（《远游》篇）

在理智短浅、情感钝弱之人，对于人生问题，毫无感觉，醉生梦死以度数十寒暑固甚易。若屈子一面既以其极莹彻之理性，感"天地之无穷"；一面又以其极热烈之感情，念"民生之长勤"，而于两者之间不得所以调和自处，故在苦闷乃不可状。屈子固饫闻老氏之教者，常欲向此中求自解放，《远游》一篇，最表现此理想。其言曰：

道可爱兮，不可传，其小无内兮，其大无垠。无滑而魂兮，彼将自然。一气孔神兮，于中夜存。虚以待之兮，无为之先。庶类以成兮，此德之门。

闻至贵而遂徂兮，忽乎吾将行。

又曰：

> 时仿佛以遥见兮，精皎皎以往来。绝氛埃而淑尤兮，终不反其故都。免众患而不惧兮，世莫知其所如。

又曰：

> 经营四荒兮，周流六漠。上至列缺兮，降望大壑，下峥嵘而无地兮，上寥廓而无天。视倏忽而无见兮，听惝恍而无闻。超无为以至清兮，与泰初而为邻。

此种思想，殆纯然与老庄一致。无奈屈子的情感，常沸到白热度，非此种玄理所能抑制。故《远游》篇虽强作尔许翛然自得之语，忽又云：

> 微霜降而下沦兮，悼芳草之先零……谁可与玩斯遗芳兮，晨向风而舒情。高阳邈以远兮，余将焉所程？

《离骚》篇末亦同此意，言"灵氛既告余以吉占兮，历吉日乎吾将行"。以下方极陈离尘玩世之乐，乃忽云：

> 陟升皇之赫戏兮，忽临睨夫旧乡。仆夫悲余马怀兮，蜷局顾而不行。

盖出世之念，转瞬间又为忧世之念所压消矣。然则用杨朱一派之说专求现世肉欲之享乐何如？屈子在《招魂》

一篇表此思想（《招魂》篇，王逸谓宋玉作，当从司马迁说定为屈原作）。此篇自"魂兮归来入修门些"以下，大陈声色田猎宫室玩好之乐。乃于最后结语，忽云：

> 皋兰被径兮斯路渐，湛湛江水兮上有枫。目极千里兮伤春心，魂兮归来哀江南。

盖语及国难，则觉一切无可以解忧矣。庄子云："绝迹易，无行地难。"屈子自觉终不能不行地，故庄杨辈绝迹之论，终无以救济其苦痛也。

《离骚》篇云：

> 长太息以掩涕兮，哀民生之多艰。

此二语可谓屈子自道生平，其人格之可尊敬在此，其所以终于自杀亦在此。《离骚》篇又云：

> 民生各有所乐兮，余独好修以为常，虽体解吾犹未变兮，岂余心之可惩？

又云：

> 忳郁邑余侘傺兮，吾独穷困乎此时也。宁溘死以流亡兮，余不忍为此态也。

屈子盖痛心疾首于人类之堕落，自觉此种生活，一刻不能与之共，结果只有舍之而去，譬犹有洁癖之人不以死易洁也。屈子云："吾令羲和弭节兮，望崦嵫而勿迫。路漫漫其修远兮，吾将上下而求索。"（《离骚》篇）盖始终冀觅得前途一线光明，乃愈觅而愈增其黑暗，彼写其状曰：

入溆浦余儃佪兮，迷不知吾所如。深林杳以冥冥兮，乃猿狖之所居。山峻高以蔽日兮，下幽晦以多雨。霰雪纷其无垠兮，云霏霏其承宇。哀吾生之无乐兮，幽独处乎山中。吾不能变心而从俗兮，固将愁苦而终穷。（《涉江》篇）

又曰：

采三秀兮于山间，石磊磊兮葛蔓蔓。怨公子兮怅忘归，君思我兮不得闲。山中人兮芳杜若，饮石泉兮荫松柏。君思我兮然疑作，雷填填兮雨冥冥，猿啾啾兮狖夜鸣。风飒飒兮木萧萧，思公子兮徒离忧。

（《山鬼》篇）

此皆自写其所感黑暗之苦痛。质言之，则屈子盖对于世界而失恋者也。彼捧其万斛爱情以向世界，而竟不见答，无可奈何而以身殉之。屈子盖天下古今唯一之"情死者"也。

太史公评之曰："濯淖污泥之中，蝉蜕于浊秽，以浮游尘埃之外，不获世之滋垢，皭然泥而不滓者也。推此志也，虽与日月争光可也。"此明屈子深有得于老氏之学，而其厌世思想，与庄子之乐天思想正殊途同归也。

第五讲

庄子

庄子的著述①

　　《庄子》，《汉志》五十二篇，今存三十三篇；内篇七，外篇十五，杂篇十一。其外篇之《骈拇》《马蹄》，杂篇之《让王》《盗跖》《说剑》《渔父》诸篇，文体皆不类，前人多疑为伪窜。自余外杂诸篇，或亦非尽出庄子手，其最精粹者，则《秋水》《山木》《知北游》《庚桑楚》《徐无鬼》《则阳》《寓言》诸篇。其最末之《天下》篇，则全书自叙，评骘一代学术，语语精绝，古籍中第一瑰宝矣。而总摄庄学之全体大用者，尤在内篇七篇。今标挈其纲领如下：

　　（一）《逍遥游》　常人执著现实境界，终身役役，向此间讨生活，卒为矛盾状态所缚扰，不能自拔。故庄子首破其迷，其言鲲鹏之与蜩与野马尘埃之生物，言朝菌蟪蛄之与冥灵大椿，其小大殊量至于此极。吾侪人类在无穷之宇宙间，占一极么么之位置，经一极短促之年寿，而弊弊然惢蕙于其间，可谓大愚。全篇关键，在

---

① 本文节选自梁启超《老孔墨以后学派概观》。

"小知不及大知，小年不及大年"二语。教人勿以小障大，但又非于常识所谓大小者生比较；故又以"至人无己，圣人无名"二语，微示真我之端倪，使人向上寻求。

（二）《齐物论》 此篇从消极方面诠释真我之体相。篇首南郭子綦所谓"吾丧我"即丧其幻我，即前篇所谓"无己"，幻我可丧则必有真我明矣。然此真我非感觉所能见，非名相所能形容，全立于知识系统以外。当时墨学别派名家者流如惠施辈亦刻意欲解决此问题，然皆以知识之方式求之，庄子以为大误。故"齐物"之论，谓当离却万有的别相，即能得其共相。全篇主眼，在"天地与我并生，而万物与我为一"二语。此篇所论，颇似佛教之法相宗，检阅名相以颇名相也。

（三）《养生主》 此篇略言契合真我之境界。如庖丁解牛之喻，所谓"以神遇不以目视"，能契合此真我，则虽在世间，而得大自在。全篇主眼，在"安时而处顺，哀乐不能入也"二语。

（四）《人间世》 此篇极言真理与世谛不相妨碍。《田子方》篇云："中国之君子明乎礼义而陋于知人心。"本篇所言，穷极人类心理状态之微，乃言人世顺应之法与夫利物善导之方，其所以能得此智慧者，则在"虚而待物"。全篇主眼，在"人皆知有用之用，而莫知无用之用也"二语。

（五）《德充符》 此篇言须有所捐弃乃有所自得。

所述王骀、申徒嘉、哀骀它等人，皆形骸残缺而得道者，凡以证明真我之在形骸外也。故曰："德有所长而形有所忘。"又曰："有人之形，无人之情。"其全篇主眼，在"以死生为一条，以可不可为一贯，解其桎梏"三语。质言之，即教人对于自己之肉体而力求解放也。

（六）《大宗师》 此篇言参透一切平等之理者，必不厌世。故曰："若人之形者，万化而未始有极也，其为乐可胜计耶？"有我之见存，众苦斯生；无我之见存，则安往而不得乐？故佛说："不厌生死，不爱涅槃。"以有涅槃之心，即有所沾恋也；庄子纯是"行菩萨行"之人。故虽五浊恶世，亦以常住为乐。篇中主眼，在"其一也一，其不一也一，其一与天为徒，其不一与人为徒"数语。其人世应而不与俗化者，则在"知人之所为者，以其知之所知以养其知之所不知"数语。

（七）《应帝王》 此篇排斥政治上之干涉主义，言万事宜听人民之自由处置，故以浑沌凿窍为喻。全篇主眼，在"顺物自然而无容私焉，而天下治矣"一语。

此不过略举梗概。其实全书多互相发明，并非每篇专明一义。要之，此七篇为全书纲领，其外篇杂篇，则皆委细证成斯理而已。治庄学者，先悬解此七篇，则读他篇庶乎无阂也。

庄子的学说①

《逍遥游》篇云："至人无己。"《在宥》篇云："大同而无己。"无己即孔佛所言无我也，此一语可谓庄子全书关键。夫"我"若本有，则虽欲无之亦安可得？既云无我，则证知此无我者为谁，此讨论我相有无者当前立起之问题也。故从前法国以怀疑名世之大哲学家笛卡儿，对于宇宙万物悉皆怀疑，而谓独有一物不容疑者曰"我"。其名言曰："我思故我存。"（I think，therefore I am）至今欧洲学者犹宗道之。若是乎？无我之义之难成立也。庄子乃对此问题而展转推求之，曰：

> 非彼无我，非我无所取。是亦近矣，而不知其所为使。若有真宰，而特不得其眹。可行己信而不见其形，有情而无形。百骸九窍六藏，赅而存焉。吾谁与为亲？女皆说之乎？其有私焉？如是皆有为臣妾乎？其臣妾不足以相治乎？其递相为君臣乎？

---

① 本文节选自梁启超《老孔墨以后学派概观》。

其有真君存焉？（《齐物论》篇）

庄子意若曰："我"之名何自生耶？对"彼"而自命耳；无"彼"则"我"之名亦不立，故"非彼无我"。若是，则似先有彼而后有我，然若竟无我，则知有"彼"者为谁，故"非我无所取"。若是，又似先有我而后有彼，彼我互为因果，结局归于两空，两空近之矣。然果属顽空，则彼我二觉缘何而起？故曰："不知其所为使。"由是以思，则知从前所认之我相，不过"假主宰者"耳，其必有"真主宰者"存焉，特不能得其眹兆，故曰："若有真宰，而特不得其眹。"从前所认我相，宛然在前，一若"可行己信"。然此相究竟作何形态，终不可见，则"有情而无形"也。若强求其形，则唯"百骸九窍六藏"之属"赅而存焉"耳。此诸体者孰为真我？若俱是我耶？（"女皆说之乎"）则"我"体分裂，若一是我而余非我耶？（"其有私焉"）则曷为部分之感觉通于全体？若云百骸之属，不过"臣妾"。然则以何者为君？若指心指脑为君，心脑同是筋肉构成，何以独能调御诸体？若谓无君，则"臣妾不足相治"。则如单细胞物及植物，并无心脑，何以能发育？若谓百体"递相为君臣"，则耳应时或能视，目应时或能听，何故不尔？因此悟知常识之所谓我相，决非真我，非真我故等于无我，"其必别有真君（真我）存焉"。然则所谓"真我"者究何物耶？庄子曰：

> 天地与我并生，而万物与我为一。既已为一矣，且得有言乎？既已谓之一矣，且得无言乎？（《齐物论》篇）

此真我者，离言说相，离名字相，本不应以言语形容之，特既借一义为众生说法，则不得无言耳。"天地与我并生"，则无时际差别；"万物与我为一"，则无时际差别，此二语即"真我"实相。若欲灼见，当由自证；若灼见真性，则并天地万物等名，亦不容立。但以浅谛解释，亦殊易明。试问我身是否为数十种原质所合成？此诸种原质，是否与天地始生同时存在？若云未始有生，则我与天地俱不生；若云有生，则天地与我并生明矣。"万物与我为一"之义，他篇更有至言，足相发明。曰：

> 万物皆种也，以不同形相禅，始卒若环，莫得其伦，是谓天均。（《寓言》篇）

此有二义。就精魂方面论，有情之属，舍生趋生，"人死为羊，羊死为人"（《楞严经》语）。鲧化黄熊，缓作秋柏，业种所缚，亦趣升沉，虽复殊形，实相禅也。就形态方面论，其一，若果蓏之核，易形嬗传前卉之精，衍为后卉。至于动物，其例益明，应化遗传，代代相嬗。我辈七尺躯中，不唯含有父母遗血，乃至其情性之一部分，我实受而继之。而父母各有其父母，父母之父母，又各有其父母，如是递推，则伏羲轩辕之精血性情，至今固犹有一部分宿于吾躬，宁得谓羲轩已死已灭耶？不过"以不同形相禅"耳。不宁唯是，吾侪之材质性情，实举无始以来各种动物所有者而具备之。自单细胞类至高等乳哺类，其种色皆有一部分为我所受。人与珊瑚，相去级数不可计矣，实则原种不殊，仅"以不同形相禅"耳。其二，人食众生肉，其肉旋化人体，众生中如虎豹蚊蛩之甘人肉者亦然，乃至食蔬谷果蓏之属亦然。此诸肉及果实等，皆由细胞合成，细胞皆各有其生命，此诸生命递死递生，更相为种，皆"以不同形相禅"耳。故曰："始卒若环，莫得其伦。"此但就知识所能及之粗迹论之，而"万物与我为一"之理，已可见其朕兆，何以不感觉其与我为一？则分别心为之障耳，故庄子述仲尼之言，曰："自其异者视之，肝胆楚越也。自其同者视之，万物皆一也。"（《德充符》篇）

吾释此文，引印度教义及近世科学为证，虽自信非附会（因事理本自无碍，故以俗谛释真谛，不为附会），然庄子所教人体验"真我"之实相，实不在此。盖真我之为物，惟用直觉亲证，乃可得见。一用理智的剖析、言说的诠议，即已落对待而非其本相，故曰："既已为一矣，且得有言乎？"言不当有言也。但"既已谓之一矣，且得无言乎？"则为教化众生起见于无言中强为言耳，故《知北游》篇云：

> 知北游于玄水之上……而适遭无为谓焉。知谓

无为谓曰："予欲有问乎若，何思何虑则知道？何处何服则安道？何从何道则得道？"三问而无为谓不答也，非不答，不知答也。知不得问，反于白水之南……面睹狂屈焉。知以之言也问乎狂屈。狂屈曰："唉！予知之，将语若。"中欲言而忘其所欲言。知不得问，反于帝宫，见黄帝而问焉。黄帝曰："无思无虑始知道，无处无服始安道，无道无从始得道。"知问黄帝曰："我与若知之，彼与彼不知也。其孰是耶？"黄帝曰："彼无为谓真是也，狂屈似之，我与汝终不近也。"夫知者不言，言者不知，故圣人行不言之教。

此一段话，与后世禅宗之作用极相似。不解者以为掉弄虚机，故作玄谈，其实此事亦至寻常。例如人有痛楚，其痛相何若？只能自喻而不能以喻诸人。热爱笃敬深忧奇惭之存于内者亦然。乃至饮水之冷暖自知，视色之妍媸入感，皆各自受用而不与众共者也。此其事皆在觉在证，而知识乃退居于位。夫部分之情感且然，而况于宇宙之大理乎？要之，知情志三良能备于我躬，各自为用，情感意志之所有事，非理知所能任，亦犹理知之所有事，非情感意志之所能任。而或者过信理知万能，谓天下事理皆可以分析综合推验尽之，外是者则大诟而不之信，此其所以为蔽也。故庄子曰："闻以有知知者矣，未闻以无知知者也。"（《人间世》篇）又曰：

"弗知乃知乎？知乃不知乎？"（《知北游》篇）又曰："夫精粗者期于有形者也，无形者数之所不能分也，不可围者数之所不能穷也。可以言论者，物之粗也。可以意致者，物之精也。言之所不能论，意之所不能察致者，不期精粗焉。"（《秋水》篇）此皆言情志之事非知所能任也。

凡同理知必尊因果律，而庄子以为因果律不足恃。其言曰：

> 夫知有所待而后当，其所待者特未定也。

（《大宗师》篇）

又曰：

> 吾有待而然者邪？吾所待又有待而然者邪？

（《齐物论》篇）

章炳麟引近譬以明庄子破因果律之论据，曰："如有人言，身中细胞皆动，问细胞何故动，即云：'万物皆动，细胞是万物中一分，故细胞动。'问万物何故皆动，即云：'皆含动力故动。'问动力何故动，即云：'动力自然动。'自尔语尽，无可复诘。且本所以问细胞何故动者，岂欲知其自然动耶？今追寻至竟，以自然动为究极，是则动之依据，还即在动，非有因也。"（《齐物论释》廿三》）当时惠施一派用名学的推理式欲遵因果律以解决宇宙原理。《天下》篇称："黄缭问天地所以不坠不陷，风雨雷霆之故，惠施不辞而应，不虑而对。"此"故"字即《墨经》所谓"所得而后成"之"故"也。庄子以为"所得而后成"者，又有其所得而后成，如是因因相待，还等无因。故又云：

> 有先天地生者物耶？物物者非物，物出不得先物也，犹其有物也。犹其有物也无已。（《知北游》篇）

《大乘入楞伽经》云："外道说：'因不从缘生而有所生。'世尊所说：'果待于因，因复待因，如是展转，成无穷过'。"凡拘守因果律者，欲穷极至"第一因"终不可得，毕竟还以循环论理释之，庄子以为此徒劳也。故曰：

> 道行之而成，物谓之而然。恶乎然，然于然。

恶乎不然，不然于不然。（《齐物论》篇）

如《墨经》所云："大故有之必然。"又云："此然是必然则俱。"凡此皆归纳论理学所用之利器也。及再问何故有之必然，何故此然彼必然，展转穷推，其结论亦仅至"然于然"而止。此义者，佛典谓之"法尔"，庄子谓之"自然"。《齐物论》篇又云："夫吹万不同，而使其自已也。"（郭注云：自已而然）此义视老子所谓"有物混成先天地生"者，进一解矣。

然则万有之樊然异相者，果何自建立耶？庄子曰：

> 物物者与物无际，而物有际者，所谓物际者也。不际之际，际之不际者也。（《知北游》篇）

此数语非以佛教唯识宗之教理不能说明之。《摄大乘论·无性》释云：“于一识中，有相有见二分俱转，相见二分，不即不离，所取分名相，能取分名见。于一识中，一分变异似所取相，一分变异似能取相。”章炳麟引以解本书云：“物即相分，物物者谓形成此相分者，即是见分，相见二分不即不离。是名物物者与物无际，而彼相分自现方圆边角，是名物有际，见分上之相分，本无方隅，而现有是方隅，是名不际之际，即此相分方隅之界如实是无，是名际之不际。”（《齐物论释》七）章氏此释，深契庄旨。诸君曾读罗素讲演者，应记其第一次所讲心之分析，对于桌子有无问题，广征异说，如庄子说如“唯识家”说，则桌子可谓之无，何以故？以物质本无客观的存在故。亦可谓之有，何以故？识有则桌子有故。此其义与欧西之唯心派似同实异，非今日短讲所能详论也。

即此可以证成“道行之而成，物谓之而然”之理，所谓“道”，所谓“物”，非皆有其自性，皆由人类分别计度所构成耳。尔乃于“万物一体”中强生分别，画其部分，指之为我，则我身我家我国种种名相起焉；名相起而爱憎取舍行于其间，既有“我见”则有“我慢”，于是“是非”之论蜂作矣。庄子以为天下无绝对的真是非，是非之名，不过由众生“同业共见”（语出《楞严》）相率假立耳。故曰：

道隐于小成，言隐于荣华。故有儒墨之是非，以是其所非而非其所是。……彼亦一是非，此亦一是非，果且有彼是乎哉？果且无彼是乎哉？（《齐物论》篇）

又曰：

庸讵知吾所谓知之非不知耶？庸讵知吾所谓不知之非知耶？……民湿寝则腰疾偏死，鳅然乎哉？木处则惴栗恂惧，猿猴然乎哉？三者孰知正处？民食刍豢，麋鹿食荐，蝍蛆甘带，鸱鸦耆鼠，四者孰知正味？猿猵狙以为雌，麋与鹿交，鳅与鱼游。毛嫱丽姬，人之所美也，鱼见之深入，鸟见之高飞，麋鹿见之决骤。四者孰知天下之正色哉？自我观之，仁义之端，是非之途，樊然淆乱，吾安能知其辩？（《齐物论》篇）

此皆证明"是非"之名，乃相对而非绝对的。夫吾人谓冰必寒火必热，自以为真知矣真是矣，然款冬即生于冰，火鼠即生于火，彼固谓冰不寒火不热也。吾果为知耶是耶？彼果为不知耶非耶？论物之属性，既若此矣，拟以名言，抑更甚焉？谓吾人所谓红即英人所谓Red是耶非耶？吾人眼根构造，未必与英人吻合，何以见彼辈视红认为Red者，非吾人所谓紫耶绿耶？又如甲乙二人于此，皆曰此物长一寸。甲乙主观所感觉，果为同长否耶？庸讵知甲所谓一寸，不等于乙所谓一丈耶？

若曰以甲乙公认之尺量之俱得一寸，庸讵知甲所视此尺之长，非当乙之一丈；乙所视此尺之长，非当甲之一寸耶？夫以至粗末之物质物形物态，其是非之难定犹若此。今而曰："如此斯为仁，如此斯为义"。欲持之以一同天下，其为危险，云胡可量。而众生我慢之见必各自是其所是而非其所非，则怨嫉争轧之所由起也，庄子深痛之。故曰：

> 名也者相札也，知也者争之器也。（《人间世》篇）

又曰：

> 大乱之本，必生于尧舜之间，其末存乎千世之后，千世之后，其必有人与人相食者也。（《庚桑楚》篇）

夫假美名以穷其恶者，以中国及欧洲之近事衡之，其证验既历历可睹。苟无此美名以为之护符，其稔恶或不至如是其甚也，不惟假名者为然耳。彼迷信而固执者，语其动机，或深可赞叹，而祸斯世或更甚。彼夫争教宗之异同，而搏战百年流血千万者，由庄子观之，是果何为也？抑凡所谓为某某主义而奋斗者，何莫皆此类也？凡此皆出于人类之"自己夸大性"，佛典谓之"我慢"（国自慢，教宗自慢，主义自慢，乃至人类自慢，皆"我慢"之一种）。庄子以为此种我慢，实社会争乱之源，故慨乎言之，谓"千世之后必人与人相食也"。

欲破除此我慢性，故《秋水》篇云：

> 以道观之，物无贵贱；以物观之，自贵而相贱；以俗观之，贵贱不在己；以差观之，因其所大而大之，则万物莫不大；因其所小而小之，则万物莫不小；知天地之为稊米也，知毫末之为丘山也，则差数睹矣。以功观之，因其所有而有之，则万物莫不有；因其所无而无之，则万物莫不无；知东西之相反而不可以相无，则功分定矣。以趣观之，因其所然而然之，则万物莫不然；因其所非而非之，则万物莫不非；知尧桀之自然而相非，则趣操睹矣。

此言大小有无是非诸名相，皆从对待比较得来。以星云界视地球，则地球稊米也；以细胞生物视毫末，则毫末丘山也。无东何以名西？无尧之是何以有桀之非？虽相反而实相待也，然则执一自封者，其亦可以寤矣。

《秋水》篇全篇皆破我慢也，故言河伯"以天下之美为尽在己"，北海若谓"乃知尔丑"。北海若之言曰：

> 吾在于天地之间，犹小石小木之在大山也。方存乎见少又奚以自多？计四海之在天地之间也，不似礨空之在大泽乎？计中国之在海内，不似稊米之在大仓乎？号物之数谓之万，人处一焉……此其比万物也，不似毫末之在于马体乎？五帝之所连，三王之所争，仁人之所忧，任士之所劳，尽此矣。

此对于"人类夸大狂"当头一棒之言也。既明此理，则自然可以无我，自然一切可以牺牲。故曰：

> 浸假而化予之左臂以为鸡，予因以求时夜；浸假而化予之右臂以为弹，予因以求鸮炙；浸假而化予之尻以为轮，以神为马，予因以乘之，岂更驾哉？（《大宗师》篇）

既参透此种无我境界，自然对于世界，无所欣厌，随所遇以事其事而已。故曰：

> 固有所不得已，行事之情而忘其身，何暇至于悦生而恶死？（《人间世》篇）

庄子之对于社会，非徒消极的顺应而已，彼实具一副救世热肠。其言曰："哀莫大于心死，而人死亦次之。"（《田子方》篇）又曰："终身役役而不见其成功，苶然疲役而不知其归，可不哀耶？人谓之不死奚益？其形化，其心与之然，不可谓大哀乎？人之生也，固若是芒乎？"（《齐物论》篇）彼盖见众生不明白性，甘没苦海，深可怜愍。故出其所自证，翻广长舌，以觉群迷，此正所谓行菩萨行者，与孔墨殊途同归矣。

庄子全书，教人以修证途径者甚多，不能遍证引。诸君若有志学道，他日宜自求之，今但述其卑近之谈最可资青年修养者数条以作结论。庄子曰：

> 有人者累，见有于人者忧。（《山木》篇）

今日中国社会组织，可谓中分为"有人者"与"见有于人者"之两级。（例如父母有子，子见有于父母，夫有妻，妻见有于夫。）故非累则忧，必居其一，或则二者兼之。甫成年之学生如诸君者，真可以不有人不见有于人，宜乘此时切实修养以自固其基。且力求保持此种地位使较久，且悬此以为改造社会之鹄。庄子又曰：

> 其者欲深者其天机浅。（《大宗师》篇）

庄子主张任运而动，本不教人以强制的节欲，但以为耆欲可以汩人灵性，故学者宜游心于高尚，勿贪肉体的享乐以降其人格。庄子又曰：

> 自事其心者，哀乐不易施乎前。（《人间世》篇）

庄子本一情感极强之人，而有更强之意志以为之节制，所谓能"自事其心"也。庄子曰："有人之形，无人之情。"惠子曰："既谓之人，恶得无情？"庄子曰："是非吾所谓情也。吾所谓无情者，言人之不以好恶内伤其身。"（《德充符》篇）在青年情感发育正盛之时，好恶内伤其身之患，最所易蹈；遇环境有剧变，每辄丧其所守，非平日修养十分致意不可。庄子则教人顺应之法，曰："得者时也，失者顺也；安时而处顺，哀乐不能入也。"（《大宗师》篇）此则自事其心之最妙法门也。庄子又曰：

> 用志不分，乃凝于神。（《达生》篇）

此条述孔子观痀偻丈人承蜩事，丈人之言，谓：

"虽天地之大，万物之多，而惟蜩翼之知，吾不反不侧，不以万物易蜩之翼，何为而不得？"此言人精神集中，则无事不可为，而行集中之事，不问其大小。要之足为吾修养之助。

以上四条，吾生平所常服膺者，今述以赠诸君。其于庄子之意果有当焉否，则非吾所敢知也。

墨子的事迹[1]

　　太史公不为墨子立传，仅于《孟子荀卿传》末附载二十四个字云："盖墨翟宋之大夫，善守御，为节用。或曰并孔子时，或曰在其后。"我们想在正史里头研究这位圣人的履历，所得乃仅如此，真失望极了。因为史文阙略，所以他的籍贯年代，都很发生问题。或说是鲁人（《吕览》高诱注），或说是宋人（葛洪《神仙传》、《文选》李善注、《荀子》杨倞注），或说是楚人（毕沅《毕子授堂文钞注序》、武亿《墨子跋》）。宋人之说，因《史》《汉》都说墨子尝为宋大夫，所以传误。据《公输》篇有"归而过宋"一语，其非宋人可证。楚人之说，不见于旧书，毕沅、武亿辈好奇。因墨子与鲁阳文君有关系，谓鲁当鲁阳。鲁阳，楚邑，墨子遂变成楚人了。考《贵义》篇称"墨子南游于楚"，若自楚之鲁阳往，当游郢，不当云游楚。又称"墨子南游使卫"，若自鲁阳往卫，当云北游。《渚宫旧事》载：

---

[1]　本文节选自梁启超《墨子学案》，商务印书馆1921年版。

"鲁阳文君说楚惠王，曰：'墨子北方贤圣人。'"其非楚人鲁阳人更可知。《公输》篇云："公输般……将以楚攻宋。子墨子闻之，起于鲁，行十日十夜而至于郢。"鲁阳距郢，不应如是其远，必为鲁国之鲁无疑。据此看来，墨子鲁人之说，当为近真。

墨子为宋大夫之说，除《孟荀传》外，还见于《汉书·艺文志》，但我也不敢深信。查本书中，绝无曾经仕宋的痕迹。太史公或因墨子曾救宋难，所以说他仕宋。其实墨子救宋，专为实行他的兼爱非攻主义，哪里论做官不做官呢。墨子曾说："道不行不受其赏，义不听不处其朝。"（《贵义》篇）当时的宋国，就会行其道听其义吗？墨子是言行一致的人，如何肯立宋之朝！所以我想，墨子始终是个平民，没有做过官的。

年代问题，越发复杂了，《史记》引或说"并孔子时"。毕沅的考据，说他周赧王二十年还生存，前后相去二百多年。据我的意见，考证这问题，当以本书所记墨子亲见的人亲历的事为标准，再拿他书所记实事做旁证反证。我所信的，是郑繻公被弑后三年（西纪前三九三），墨子还未死。吴起死时（前三八一），墨子却已死了。墨子之死，总不出这前后八年间。上推他的生年，总不能比公输般小过三十岁。公输般是孔子卒前十年已生的[1]。所以我推定：

墨子生于周贞王元年至十年之间（西纪前四六八至前四五九），约当孔子卒后十余年。（孔子卒于前四七九）

墨子卒于周安王十二年至二十年之间（西纪前三九〇至前三八二），约当孟子生前十余年。（孟子生于前三七二）

---

[1] 原文如此。现通常认为公输般生于前507年，孔子卒于前479年。

墨子的时代[①]

第一，古代封建社会阶级政治，春秋中叶发达至极，此后便盛极而衰了。孔子对于这种社会，虽常常慨叹它的流弊，想加以矫正。但孔子并没有从新改造的觉悟，不过欲救末流之弊，恢复原有的好处。墨子生孔子之后，时势变迁，越发急转直下。墨子又是个极端的人，不像孔子那种中庸性格，他觉得旧社会整个要不得，非从根本推翻改造不可。所以他所提倡几个大主义，条条都是反抗时代潮流，纯带极端革命的色彩。革除旧社会，改造新社会，就是墨子思想的总根源。

第二，"尚文"本是周代的特色，到春秋末年，"文胜"的弊端，越发显著，渐渐成为虚伪的社会。所以，棘子成一派人，已经愤慨，说道："君子质而已矣，何以文为？"（《论语》）孔子作《春秋》，虽说是"变周之文，从殷之质"（《公羊传》），但孔子终是个中庸的人，固然不愿意"文胜质则史"，也不愿意

---

① 本文节选自梁启超《墨子学案》。

"质胜文则野"，始终取调和态度。墨子以为这样救不了时弊，所以毅然决然，"背周道而用夏政"（《淮南子·要略》）。

第三，墨子是看着三家分晋的，田氏篡齐，楚越极盛强，秦也将次崛起。几百年的世家，没有几家能保全。那些小国，都是朝不保暮，眼见战国时代"杀人盈城，杀人盈野"的惨状跟着就来。那向戌一流的"弭兵谈"，是挽不转这种狂澜了。他要从社会心理上施一番救济，所以提倡"兼爱"。再从"兼爱"的根本观念上，建设"非攻"主义。

第四，贵族的奢侈，自古已然。春秋战国之间，国愈大，物力愈丰，专制力愈强，奢侈的程度也跟着愈甚。再加以当时经济状况变迁，经济上的兼并与政治上的兼并骈进。观范蠡三致千金，子贡结驷连骑，可想见当时富族阶级的势力了。贵富两族，相竞于奢侈，平民资产，被掠日甚。所以墨子特注意经济组织的改造，要建设一种劳力本位的互助社会。

第五，墨子是一个无权无勇的人，他的主义，有什么方法能令其实现呢？他是个大慈善家，断不肯煽动人民流血革命，而且那时也不是群众运动的时代。他没有法子，只好利用古代迷信的心理，把这新社会建设在宗教基础之上。他的性格本来是敬虔严肃一路，对于古代宗教，想来也有热诚的信仰，所以借"天志""明鬼"

这些理论，来做主义的后援。

第六，墨子时，老子学说在社会上已很占势力。老采绝对的自由放任主义，所以说"无为而治"，说"不尚贤使民不争"。墨子注重"人为"，以为天下事没有委心任运做得好的。所以他主张干涉主义，主张贤人政治。他的篇名叫做《尚贤》，和老子的"不尚贤"正相反。他说要"上同而不下比"（《尚同上》篇），压制人民自由，实行"有为而治"主义，都是对于老学的反动。

第七，墨子生于鲁国，又当儒学极盛之时。鲁号称守礼之邦，是周代旧式文明的代表。儒学受了这影响，本来已带几分保守的色彩。尤可惜者，孔子卒后，诸大弟子相继沦丧。独子夏享高寿，且为魏文侯师，所以他这派独盛行。子夏本是规模最狭的人，并不能传孔学真相，于是儒者专讲形式，渐渐腐败下去了。墨子少年，也曾"学儒者之业，受孔子之术。既乃以为其礼烦扰，伤生害事，糜财贫民"（《淮南子·要略》），于是自树一帜。所以墨子创教的动机，直可谓因反抗儒教而起。《鲁问》篇举出反对儒教的理由四件，说道：

> 儒之道足以丧天下者四政焉：儒以天为不明，以鬼为不神，天鬼不说，此足以丧天下；又厚葬久丧，重为棺椁，多为衣衾，送死若徙，三年哭泣，扶后起，杖后行，耳无闻，目无见，此足以丧天

下；又弦歌鼓舞，习为声乐，此足以丧天下；又以命为有贫富寿夭、治乱安危，有极矣，不可损益也，为上者行之，必不听治矣，为下者行之，必不从事矣，此足以丧天下。

墨子因儒者不说天鬼，所以说"天志""明鬼"；因为儒者厚葬久丧，所以要"节葬"；因为儒者最重音乐，所以"非乐"；因为儒者信命运，所以"非命"。这四个主义，都是对于孔学的反动。

［附言］这四件事中，第一、第三、第四，都是孔学的要点，独第二件说孔子主张厚葬，未免冤枉了。《论语》记"颜渊死，门人欲厚葬之，子曰：'不可。'门人厚葬之，子曰：'回也。视予犹父也，予不得视犹子也。'"《吕氏春秋·安死》记"季孙有丧，孔子往吊之……主人以玙璠收，孔子径庭而趋，历级而上，曰：'以宝玉收，譬之犹暴骸中原也。'"此皆孔子反对厚葬之证。但孔子凡事中庸，虽反对厚葬，亦不如墨子之极端薄葬耳。至于三年丧制，确是孔子所主张。墨子之节葬论，其主要之点在反对久丧，所以"节葬"也算得孔学反动。

第八，当时社会恶浊，厌世思想很发达。《论语》所记晨门、荷蒉、楚狂接舆、丈人、长沮、桀溺一流人，都是看不过社会现状，气愤起来，打独善其身的主意。还有原壤、杨朱这一派，看得更破，索性自己放恣了。墨子以为厌世乃志行薄弱的人的行径。世界本由人造成的，固然不可厌，也不该厌，所以反抗这种潮流，"摩顶放踵利天下为之"。至于杨朱一派，墨子更觉他可鄙了，所以反抗他"要以自苦为极"。（《庄子·天下》）

墨子的著述①

墨子这部书，《汉书·艺文志》说是七十一篇，《隋书·经籍志》以下各家记录，都说是十五卷。今本卷数同《隋志》，篇数却只有五十三篇，已亡了十八篇（内八篇尚有目录，十篇并录亦亡）。而内中尚有三篇，绝非墨家言，只算存得五十篇了。

《墨子》在先秦诸子中，最为难读。第一件，因为这部书经孟子排斥过后，二千余年来的儒者，无人过问。所以没有注释，没有校勘，脱简讹文，触目皆是。近年来经毕沅、王念孙、孙诒让等校注之后，比前易读多了，然不可解的地方仍不少。第二件，原书本来是质而不华，有许多当时的白话，今日极难索解。然则他为什么用这种文体呢，有位墨者田鸠（《汉书·艺文志》有《田俅子》三篇，即此人所著），曾说明这个理由：

> 楚王谓田鸠曰："墨子者，显学也。……其言多而不辩，何也？"曰："昔秦伯嫁其女于晋公

---

① 本文节选自梁启超《墨子学案》。

子……从文衣之媵七十人。至晋，晋人爱其妾而贱
公女，此可谓善嫁妾而未可谓善嫁女也。……墨子
若辩其辞，则恐人怀其文而忘其用，直以文害用
也。（《韩非子·外储说左上》）

观此可知墨子文辞朴僿，是有意为之。内中还有许
多枝蔓拖沓的地方，非留心细读，不能得其真意。但全
书出于墨子自著者很少，不可不知。

墨子的学说①

兼爱主义

墨学所标纲领，虽有十条，其实只从一个根本观念出来，就是兼爱。孟子说："墨子兼爱，摩顶放踵利天下为之。"这两句话实可以包括全部《墨子》。"非攻"是从兼爱衍出来，最易明白，不用多说了。"节用""节葬""非乐"，也出于兼爱。因为墨子所谓爱是以实利为标准；他以为有一部分人奢侈快乐，便损了别部分人的利了。所以反对它。"天志""明鬼"，是借宗教的迷信来推行兼爱主义。"非命"，因为人人信有命便不肯做事不肯爱人了；所以反对它。

墨子讲兼爱，常用"兼相爱交相利"六字连讲，必合起来，他的意思才明。兼相爱是理论，交相利是实行这理论的方法。兼相爱是托尔斯泰的利他主义，交相利是科尔普特金的互助主义。试先述墨子兼爱的理论：

––––––––––

① 本文节选自梁启超《墨子学案》。

　　圣人以治天下为事者也，不可不察乱之所自起。当（通尝）察乱何自起？起不相爱。……子自爱不爱父，故亏父而自利。弟自爱不爱兄，故亏兄而自利。臣自爱不爱君，故亏君而自利。……虽父之不慈子，兄之不慈弟，君之不慈臣……皆起不相爱。……盗爱其室不爱其异室，故窃异室以利其室。贼爱其身不爱人，故贼人以利其身。……大夫各爱其家不爱异家，故乱异家以利其家。诸侯各爱其国不爱异国，故攻异国以利其国。（《兼爱上》篇）

　　此言人类种种罪恶，都起于自私自利。但把自私自利的心去掉，则一切罪恶，自然消灭。然则怎么去掉这自利心呢？墨子说：

　　凡天下祸篡怨恨……以不相爱生也。是以仁者非之。既以非之，何以易之？……以兼相爱交相利之法易之。（《兼爱中》篇）

　　非人者必有以易之。若非人而无以易之……其说将必无可焉。是故子墨子曰："兼以易别。"……吾本原兼之所生，天下之大利者也。吾本原别之所生，天下之大害者也。……以兼为正，是以聪耳明目，相与视听乎？是以股肱毕强，相为动宰乎？而有道肆相教诲。是以老而无妻子者，有所持养以终其寿，幼弱孤童之无父母者，有所放依以长其身。（《兼爱下》篇）

墨子最要紧一句话，是"兼以易别"。他替当时的君主起一个绰号，叫做"别君"，替当时士大夫起一个绰号，叫做"别士"。他们的"墨者"，自己就号做"兼士"。兼和别的不同在哪里呢？老实说一句：承认私有权的叫做"别"，不承认私有权的叫做"兼"。向来普通的教义，都是以自己为中心，一层一层地推出去。所以说："天下之本在国，国之本在家，家之本在身。"孔子讲的社会伦理，都以此为立脚点。所以最要紧是一个"恕"字，专以己度人。自己爱自己，便连自己同类的人也要爱；爱自己的家，也爱别人的家；爱自己的国，也爱别人的国；孔子讲的泛爱，就是从这种论式演绎出来。但孔子和墨子有根本不同之处。孔子是有"己身""己家""己国"的观念，既已有个"己"，自然有个"他"相对待；"己"与"他"之间，总不能不生出差别。所以有"亲亲之杀尊贤之等"；在旧社会组织之下，自然不能不如此。墨子却以为这种差别观念，就是社会罪恶的总根源，一切乖忤、诈欺、盗窃、篡夺、战争，都由此起（《兼爱中》篇云："是故诸侯不相爱，则必野战。家主不相爱，则必相篡。人与人不相爱，则必相贼。君臣不相爱，则不惠忠。父子不相爱，则不慈孝。兄弟不相爱，则不和调。天下之人皆不相爱，强必执弱，富必侮贫，贵必敖贱，诈必欺愚。凡天下祸篡怨恨，其所以起者，以不相爱生也"）。因为既有个己身以示"别"于他身，到了彼我利害冲突时候，那就损害他身以利己身，也顾不得了。既有个己家己国以示"别"于他家他国，到了彼我利害冲突时候，那就损害他家他国以利己家己国，也顾不得了。在这种组织之下讲泛爱，墨子以为是极矛盾，极不彻底。他说：

> 爱人，待周爱人而后为爱人。不爱人，不待周不爱人。不先周爱，因为不爱人矣。（《小取》篇）

他的意思以为：不必等到什么人都不爱才算不爱人，只要爱得不周遍（有爱有不爱），便算不爱人了。差别主义，结果一定落到有爱有不爱，墨子以为这就是"兼相爱"的反面，成了个"别相恶"了。所以说："本原别之所生，天下之大害。"然则兼相爱的社会便怎么样呢？墨子说：

> 视人之室若其室，谁窃？视人身若其身，谁贼？……视人家若其家，谁乱？视人国若其国，谁攻？（《兼爱上》篇）

简单说：把一切含着"私有"性质的团体都破除了，成为一个"共有共享"的团体；就是墨子的兼爱社会。

这种理论，固然是好，但古往今来许多人，都疑它断断不能实现。当时就有人诘难墨子，说道："即善矣，虽然，岂可用哉？"墨子答道："用而不可，虽我亦将非之。焉有善而不可用者？"（《兼爱下》篇）墨子是一位实行家，从不肯说一句偏于理想的话。他论事物的善恶，专拿有用无用做标准。他以为"善"的范围和有用的范围，一定适相吻合。若不能适用的事，一定算不得"善"。他的根本观念既已如此，所以他自然是确信兼爱社会可以实现，才肯如此主张。墨子何以证明他必能实现呢？墨子以为从人类的利己心，也可以得着反证。他说：

> 吾不识孝子之为亲度者，亦欲人爱利其亲与？意欲人之恶贼其亲与？以说观之，即（同则）欲人之爱利其亲也。然即（同则）吾恶（同何）先从事即（同乃）得此？若我先从事乎爱利人之亲，然后人报我以爱利吾亲乎？意我先从事乎恶贼人之亲，然后人报我以爱利吾亲乎？即（同则）必吾先从事乎爱利人之亲，然后人报我以爱利吾亲也。……《大雅》之所道，曰："无言而不仇，无德而不报。投我以桃，报之以李。"即此言爱人者必见爱也，而恶人者必见恶也。（《兼爱下》篇）

墨子还引许多古代圣王兼爱的例证，如成汤为民求雨以身为牺牲之类，说明兼爱并不是不能实行。古代社会，是否有这种理想的组织，我们虽不敢轻下判断，但现在俄国劳农政府治下的人民，的确是实行墨子"兼以易别"的理想之一部分。他们是否出于道德的动机，姑且不论；已足证明墨子的学说，并非"善而不可用"了。

墨子的兼爱主义，和孔子的大同主义，理论方法，完全相同。但孔子的大同，并不希望立刻实行；以为须渐渐进化，到了"太平世"总能办到。在进化过渡期内，还拿"小康"来做个阶段。墨子却简单明了，除了实行兼爱，不容有别的主张。孔墨异同之点在此。

非攻主义

非攻主义，是由兼爱主义直接衍出。既已主张兼爱，则"攻"之当"非"，自然不成问题，为什么还要特标出来做一种主义呢？因为当时军国主义已日渐发达；多数人以为国际上道德和个人道德不同，觉得为国家利益起见，无论出什么恶辣手段都可以。墨子根本反对此说。他说：

今有一人，入人园圃，窃其桃李，众闻则非之，上为政者得则罚之。此何也？以亏人自利也。至攘人犬豕鸡豚者，其不义，又甚入人园圃窃桃李。是何故也？以亏人愈多。苟亏人愈多，其不仁兹甚，罪益厚。至入人栏厩，取人马牛者，其不仁义又甚攘人犬豕鸡豚。此何故也？以其亏人愈多。苟亏人愈多，其不仁兹甚，罪益厚。至杀不辜人也，扡其衣裘、取戈剑者，其不义又甚入人栏厩、取人马牛。此何故也？以其亏人愈多。苟亏人愈多，其不仁兹甚矣，罪益厚。当此天下之君子皆知而非之，谓之不义。

今至大为攻国，则弗知非，从而誉之，谓之义。此可谓知义与不义之别乎？杀一人，谓之不义，必有一死罪矣。若以此说往，杀十人，十重不义，必有十死罪矣。杀百人，百重不义，必有百死罪矣。当此天下之君子皆知而非之，谓之不义。今至大为不义攻国，则弗知而非，从而誉之，谓之义。情不知其不义也，故书其言以遗后世。若知其不义也，夫奚说书其不义以遗后世哉？

今有人于此，少见黑曰黑，多见黑曰白，则必以此人为不知白黑之辩矣。少尝苦曰苦，多尝苦曰甘，则必以此人为不知甘苦之辩矣。今小为非，则知而非之。大为非攻国，则不知而非，从而誉之，谓之义。此可谓知义与不义之辩乎？是以知天下之君子辩义与不义之乱也。（《非攻上》篇）

墨子这段话，用极严密的论法，辩斥那些"褊狭的爱国论"，可谓痛快淋漓。不独是发明"非攻"真理，而且教人将所得的观念来实地应用。读此并可以知道墨子做学问的方法了。

反对战争的议论，春秋末年已经萌芽。宋向戌倡晋楚弭兵，就是一种趋时之论。但这是政治家的策略，彼此并无诚意，正与前俄皇亚力山大提倡海牙平和会相同，在思想界可谓毫无势力。孟子的"《春秋》无义战"，算是有力的学说，可惜措辞太隐约了。认真标立宗旨，大声疾呼，墨子算是头一个。后来尹文、宋钘，都是受墨子学说的影响，继续鼓吹。但墨子还有格外切实可行的地方，和普通之"寝兵说"不同。墨子所"非"的，是"攻"，不是"战"。质言之，侵略主义，极端反对；自卫主义，却认为必要。墨子门下，人人研究兵法，《备城门》以下十一篇所讲都是。墨子听见有某国要攻人的国，就跑去劝止他。若劝他不听，他便带起一群门生去替那被攻的国办防守。有这一着，然后非攻主义总能贯彻。墨子所以异于空谈弭兵者在此。

实利主义

自孟子说："何必曰利？亦有仁义而已矣。"后世儒者，因此以言利为大戒。董仲舒更说："正其谊不谋其利，明其道不计其功。"于是一切行为，专问动机，不问结果，弄得道德标准和生活实际距离日远，真是儒家学说的莫大流弊。其实孔子也并不如此。一部《易经》，个个卦都讲"利"。孔子说"利者义之和"，说"以美利利天下"，说"乐其乐而利其利"，何尝说利是不好？不过不专拿"利"来做道德标准罢了。

墨子则不然。道德和实利不能相离，利不利就是善不善的标准。书中总是爱利两字并举。如"兼相爱交相利"（《兼爱中下》篇）、"爱利万民"（《尚贤中》篇）、"兼而爱之从而于利之"（同上）、"众利之所自生，此胡自生？……从爱人利人生"（《兼爱下》篇）、"爱人者人亦从而爱之，利人者人亦从而利之"（《兼爱中》篇）、"天必欲人之相爱相利"（《法仪》篇）、"若见爱利国者必以告……亦犹爱利国者也"（《尚同下》篇），诸如此类，不可枚举。以常识论，爱的目的在人，利的目的在己，两件事像很不相容，然而墨子却把它们打成一片。第一件，可以见他所谓"利"，一定不是褊狭的利己主义。第二件，可以见他所谓"爱"，必以有利为前提。他说："忠信相连，又示之以利，是以终身不厌。"（《节用中》篇）简单说，从经济新组织上建设兼爱的社会，这是墨学特色。

经济学的原字Economy，本来的训诂，就是节用。所以墨子的实利主义，拿"节用"做骨子。"节葬"不过是"节用"之一端，"非乐"也从"节用"演绎出来。今综合这几篇来研究"墨子经济学"的理论，研究墨子的经济学，须先从消费方面起点。墨子讲消费，定出第一个公例是：

以自苦为极。（《庄子·天下》）

凡足以奉给民用则止。（《节用中》篇）

墨子以为人类之欲望，当以维持生命所必需之最低限为标准。饮食是"黍稷不二，羹胾不重，饭于土塯，啜于土铏"（《节用中》篇）。衣服是"冬以圉寒，夏以圉暑"（《节用上》篇）。宫室是"高足以辟润湿，边足以圉风寒，上足以待雪霜雨露，宫墙之高足以别男女之礼"（《辞过》篇）。只要这样就够了，若超过这限度，就叫做奢侈。墨子以为凡奢侈的人，便是侵害别人的生存权，所以加他个罪名。说是：

> 暴夺民衣食之财。（《辞过》篇）

近代马克思一派，说：资本家的享用，都是从掠夺而来。这种立论根据，和二千年前的墨子正同。

论到生产方面，墨子立出第二个公例，是：

> 诸加费不加民利者，圣王弗为。（《节用中》篇）

> 凡费财劳力不加利者不为也。（《辞过》篇）

墨子以为：生产一种物事，是要费资本、费劳力。那么，就要问：费去的资本劳力能够增加多少效用？所费去的和所增得的比较，能否相抵而有余？试拿衣服来做个例，墨子说："衣服，适身体和肌肤而足矣。……锦绣文采靡曼之衣……此非云益暖之情也。单财劳力，毕归之于无用也……"（《辞过》篇）他的意思以为穿衣服的目的，不过取其能暖，穿绸比穿布并不加暖，所以制绸事业，就是"加费不加利于民"。

墨子非乐的主张，就是从这个公例衍生出来。他说：

> 若圣王之为舟车也，即我弗敢非也。古者圣王

亦尝厚措敛乎万民以为舟车。既以成矣，曰：吾将恶许用之？曰：舟用之水，车用之陆，君子息其足焉，小人休其肩背焉。故万民出财赍而予之，不敢以为戚恨者。何也？以其反中民之利也。然则乐器，反中民之利亦若此，即我弗敢非也。（《非乐上》篇）

这是说：音乐是"加费不加于民利"的事，所以要反对。墨子以为总要严守这个公例，将生产力用到有用的地方，才合生产真意义。所以他说："把那些阔人所嗜好的'珠玉鸟兽犬马'去掉了，挪来添补'衣裳宫室甲盾五兵舟车之数'，立刻可以增加几倍。"（《节用上》篇）

墨子更把这种观念扩充出去，以中用不中用为应做不应做的标准，凡评论一种事业一种学问，都先问一句："有什么用处？"如：

问于儒者曰："何故为乐？"曰："乐以为乐也。"子墨子曰："子未我应也。"今我问曰："何故为室？"曰："冬避寒焉，夏避暑焉，室以为男女之别也。"则子告我为室之故矣。今我问曰："何故为乐？"曰："乐以为乐也。"是犹曰："何故为室？"曰："室以为室也。"（《公孟》篇）

这是墨学道德标准的根本义。若回答不出个"什么用处来"，那么，千千万万人说是好的事，墨子也要排斥的。

墨子这种经济思想，自然是以劳力为本位。所以"劳作神圣"，为墨子唯一的信条。他于是创出第三个公例，是：

> 赖其力者生，不赖其力者不生。（《非乐上》篇）

墨子说：人和禽兽不同。禽兽是"因其羽毛以为衣裘，因其蹄蚤以为绔屦，因其水草以为饮食"，所以不必劳作，而"衣食之材已具"。人类不然，一定要"竭股肱之力，亶其思虑之智"，才能维持自己的生命。所以各人都要有"分事"。什么叫做分事呢？就是各人自己分内的职业。墨子于是感觉有分劳的必要，又创出第四个公例，说道：

> 各从事其所能。（《节用中》篇）
>
> 知者必量其力所能至而从事焉。（《公孟》篇）

墨子设一个比喻，说道："比如筑墙然，能筑者筑，能实壤者实壤，能欣者欣，然后墙成也。"（《耕柱》篇）有些人"竭股肱之力"，有些人"禀其思虑之智"，无论是筋力劳作，或是脑力劳作，只要尽本分去做，都是可敬重的。只有那些"贪于饮食惰于从事"的人，墨子便加他一个恶名，叫做"罢不肖"了。（《非命上》）

在这种劳动力本位的经济学说底下，自然是把时间看得很贵重。墨子于是又创造出第五个公例，说道：

> 以时生财，财不足则反之时。（《七患》篇）

"光阴即金钱"（Time is money）这句格言，墨子是看得最认真的。他所以反对音乐，就因为这个缘故。他说："那些'王公大人'们日日听音乐，还能'早朝晏退听狱治政'吗？农人日日听音乐，还能'蚤出暮入耕稼树艺多聚菽粟'吗？妇人日日听音乐，还能'夙兴夜寐纺绩织纴'吗？所以断定音乐是'废国家之从事'。"（《非乐上》篇）他反对久丧，也是因为这个缘故。他说："儒教的丧礼，君父母妻长子死了，都服丧三年。伯叔兄弟庶子死了，都服丧一年。其余族人亲戚，五月三月不等。这样，人生在世几十年，服丧的日子倒占了大半，还有什么时候去做工呢？而且服丧的时候，做成许多假面孔。'相率强不食以为饥，薄衣而为寒'，'扶而能起，杖而能行'，闹到'面目陷，颜色黧黑，耳目不聪明，手足不健强'，这不是于卫生大有妨碍吗？这不是减削全社会的劳力吗？"所以断定"久丧为久禁从事"。（《节葬下》篇）

墨子又极注意人口问题，他有第六个公例，是：

> 欲民之众而恶其寡。（《辞过》篇）

墨子的人口论，和玛尔梭士①的人口论正相反。玛尔梭士愁的是人多，墨子愁的是人少，人少确是当时的通患。所以梁惠王因"寡人之民不加多"，就对孟子发牢骚（《孟子·梁惠王》）。商鞅弄许多把戏，"徕三晋之民"（《商君书·垦令》）。墨子对于这个问题，第一是主张早婚。他的制度，"是丈夫年二十，毋敢不处家；女子年十五，毋敢不事人"（《节用上》篇）。第二是反对蓄妾，他说："内无拘女，外无寡夫，故天下之民众……蓄私不可不节。"（《辞过》篇）这些主张，都是以增加人口为增加劳力的手段，所以看得很郑重。反对久丧，也是为这个缘故。因为儒家丧礼，禁男女同栖，服丧时候很多，于人口繁殖自有妨碍。墨子说："此其为败男女之交多矣，以此求众，譬犹使人负剑而求寿也。"（《节葬下》篇）反对战争，也是为这个缘故。他说：战争除病死战死不计外，而且攻伐邻国，久者终年，速者数月，男女久不相见，此"所以寡人之道"也。（《节用上》篇）这都是注重人口问题的议论，虽然见解有些幼稚，但在当日也算救时良药了。

最后讲到分配方面，墨子定出第七个公例，是：

> 有余力以相劳，有余财以相分。（《尚同上》篇）

---

① 即英国经济学家马尔萨斯。

自己的劳力和光阴，做完了自己分内的事业，还有余剩，拿去帮别人做，这就是"余力相劳"。自己的资财，维持自己一身和家族的生活，还有余剩，拿去分给别人，这就是"余财相分"。这两句话墨子书中讲得最多（《天志》《辞过》《兼爱》篇皆有）。其实只是"交相利"三个字的解释。《节葬》篇说："疾从事焉，人为其所能以交相利。"意义更为明了。余力相劳，就是孔子讲的"力恶其不出于身也，不必为己"。余财相分，就是孔子讲的"货恶其弃于地也，不必藏于己"（《礼记·礼运》）。两圣人的经济学说，同归宿到这一点。质而言之，都是梦想一种完全互助的社会。

我想，现在俄国劳农政府治下的经济组织，很有几分实行墨子的理想。内中最可注意的两件事：第一件，他们的衣食住，都由政府干涉。任凭你很多钱，要奢侈也奢侈不来。墨子的节用主义，真做到彻底了。第二件，强迫劳作，丝毫不肯放松，很合墨子"财不足则反诸时"的道理。虽然不必"日夜不休，以自苦为极"，但比诸从前工党专想减少工作时刻，却是强多了。墨子说"焉有善而不可用者"，看劳农政府居然能够实现，益可信墨子不是个幻想家了。

墨子非攻，儒家亦非攻。儒家非攻，专是义不义问题；墨家非攻，义不义问题之外，还有个利不利问题。《非攻上》篇是说攻的不义，《非攻下》篇是说攻的不利。墨家的宋钘，想说秦楚罢兵，儒家的孟子问他：
"说之将何如？"宋钘说："我将言其不利也。"孟子
说："先生之志则大矣，先生之号则不可。"这就是儒
墨不同之点。墨子说非攻的不利，有个很妙的譬喻：

> 大国之攻小国，譬犹童子之为马。童子之为
> 马，足用而劳。今大国之攻小国，被攻者，农夫不
> 得耕，妇人不得织，以守为事。攻人者，亦农夫不
> 得耕，妇人不得织，以攻为事。（《耕柱》篇）

这段话，简单说，就是"彼此不上算"。墨子无论
说什么事理，都要从"上算不上算"上头比较一番，和
董子"明其道不计其功"的学说恰好是个反面。

墨子把"利"字的道理，真是发挥尽致。孔子说：
"利者义之和"已经精到极了。《墨子·经上》直说：
"义，利也。"是说，利即是义，除了利别无义。因此
他更替这个"利"字下了两条重要的界说：

界说一：凡事利余于害者谓之利，害余于利者谓之
不利。他说：

> 断指以存腕，利之中取大，害之中取小也。害
> 之中取小，子非取害好，取利也。（《大取》篇）

有时明明看着是有害的事情，还要做，如断指。表
面看来，岂不是和实利主义相悖吗？其实不然，因为是
利余于害才取，取毕竟是取利不是取害。反之，害余于
利的事情，万不要取。墨子解释攻国之害余于利，说：

"然而何为为之？曰：我贪伐胜之名及得之利故为之。子墨子曰：计其所自胜，无所可用也。计其所得，反不如所丧之多。"（《非攻中》篇）

这是表面看着像有利，其实害比利大，所以不要取，这是计较利害到极精处。

界说二：凡事利于最大多数者谓之利，利于少数者谓之不利。墨子说：

> 饰攻战者言曰："南则荆吴之王，北则齐晋之君，始封于天下之时，其土之方，未至有数百里也，人徒之众，未至有数十万人也。以攻战之故，土地之博，至有数千里也，人徒之众，至有数百万人，故当攻战而不可为也。"子墨子曰："虽四五国则得利焉，犹谓之非行道也。譬若医之药人有病者然，今有医于此，和合其祝药之于天下之有病者，而药之，万人食此，若医四五人得利焉，犹谓之非行药也。"（《非攻中》篇）

少数人格外占便宜得利益，从这少数人方面看，诚然是有利了，却是大多数人受了他的害。从墨子爱利天下的眼光看来，这决然是害，并不是利。反之，若是少数人吃亏，多数人得好处，墨子说他是利。所以他说："杀己以存天下，是杀己以利天下。"（《大取》篇）

"杀己"岂不是大不利的吗？因为杀了一个"己"能存得了天下，所以打起算盘来，依然有利。英人边沁主张乐利主义，拿"最大多数之最大幸福"做道德标准，墨子的实利主义，也是如此。

然则墨子这种学说，到底圆满不圆满呢？我曾说过，墨子是个小基督，从别方面说，墨子又是个大马克思。马克思的共产主义，是在"唯物观"的基础上建设出来。墨子的"唯物观"，比马克思还要极端。他讲的有用无用、有利无利，专拿眼前现实生活做标准，拿人类生存必要之最低限度做标准，所以常常生出流弊。即如他所主张"男子二十处家，女子十五事人"，依我们看来，就不如孔子所主张"男子三十而娶，女子二十而嫁"。墨子只知道早婚可以增加人口增加劳力，却不知道早婚所产的儿女，体力智力都薄弱，劳力的能率却减少了。墨子学说最大的缺点，莫如"非乐"。他总觉得娱乐是废时失事，却不晓得娱乐和休息，可以增加"物作的能率"。若使墨子办工厂，那"八点钟制度"他定然反对的。若使墨子办学堂，一定每天上课十二点钟，连新年也不放假。但这种办法对不对？真可以不烦言而决了。儒家有一位程繁，驳他的"非乐论"。说道：

> 昔诸侯倦于听治，息于钟鼓之乐。……农夫春耕夏耘秋敛冬藏，息于瓴缶之乐。今夫子曰"圣王不为乐"，此譬之犹马驾而不税，弓张而不弛，无乃非有血气者之所能至耶！（《三辩》篇）

墨子对于这段话的反驳，就很支离，不能自圆其说，这总算墨学的致命伤了。庄子批评墨子，说：

> 其道太觳，使人忧，使人悲，其行难为也。恐其不可以为圣人之道，反天下之心，天下不堪。墨子虽能独任，奈天下何？（《天下》篇）

庄子是极崇拜墨子的人，这段批评，就很替墨子可惜。墨子的实利主义，原是极好，可惜范围太窄了，只看见积极的实利，不看见消极的实利。所以弄到只有义务生活，没有趣味生活，墨学失败最重要的原因，就在此。

宗教主义

"天志""明鬼""非命"三义，组成墨子的宗教。墨子学说，件件都是和时代潮流反抗，宗教思想亦其一也。说天说鬼，原是古代祝史的遗教。春秋战国时，民智渐开，老子、孔子出，大阐明自然法，这类迷信已经减去大半了。像墨子这样极端主张实际主义的人，倒反从这方面建设他学术的基础，不能不算奇怪。试把他所说的仔细研究一番。

墨子的"天"和老子、孔子的"天"完全不同。墨子的"天"，纯然是一个"人格神"，有意欲，有感觉，有情操，有行为。所以他的篇名，叫做"天志"。墨子说：

> 我有天志，譬若轮人之有规，匠人之有矩……

以度天下之方圆。曰：中者是也，不中者非也。
（《天志上》篇）

　　子墨子之有天之意也，上将以度天下之王公大
人之为刑政也，下将以量天下之万民为文学出言谈
也。观其行，顺天之意，谓之善意行，反天之意，
谓之不善意行。（《天志中》篇）

这是说当以天的意志为衡量一切事物之标准。然则
天的意志到底怎么样呢？墨子说："天欲人之相爱相
利，不欲人之相恶相贼。"（《法仪》篇）

何以见得呢？墨子说："以其兼而爱之兼而利
之。"又何以见得天是"兼爱兼利"呢？墨子说："以
其兼而有之兼而食之。"墨子欲证明天之"兼有兼
食"，因设为譬喻。说道："天之有天下也，辟之无以
异乎国君诸侯之有四境之内也。今国君……夫岂欲其臣
国万民之相为不利哉？"（《天志中》篇）"楚王食于
楚四境之内，故爱楚之人，越王食于越，故爱越之人。
今天兼天下而食焉，我以此知其兼爱天下之人也。"
（《天志下》篇）

墨子既断定天志是兼爱，于是天的赏罚，有了标准
了。他说："顺天意者，兼相爱交相利，必得赏。反天
意者，别相爱，交相贼，必得罚。"（《天志上》篇）
"然有不为天之所欲而为天之所不欲，则夫天亦且不为
人之所欲而为人之所不欲矣。人之所不欲者何也？曰：

疾病祸祟是也。"（《天志中》篇）

读此，可知墨子讲天志，纯是用来做兼爱主义的后援。质言之，是劝人实行兼爱的一种手段罢了。然则这种手段有多大效果呢？据我看，很是微薄。第一层：墨子证明天志一定是兼爱，他的论据就是"天兼有兼食"。何以能证明天是"兼有兼食"呢？毕竟拿不出证据来。他说"天兼爱"，和老子说"天地不仁"，正是两极端的话，到底谁是谁非？谁也找不出最高法庭来下这判语。第二层："疾病祸祟"是否由天做主？若如近世科学昌明后，找出非由天做主的证据，墨子立论的基础，便完全破坏。第三层：墨子不讲良心上的道德责任，专靠祸福来劝导，立论是否圆满？墨子说："践履道德得福，否则得祸"，假如有人说"我不愿得福而愿得祸"（人激于意气时，便往往如此），墨子将奈之何？何况祸福报应还是缥缈无凭呢。

第四层：墨子的天志和基督教很相像；但有一点大不同处。基督都说灵魂，说他界。墨子一概不说。灵魂他界，没有对证，福祸之说，勉强可以维系。专言现世的祸福，越发不能自完。墨子提倡苦行，和基督教及印度各派之教相同。但他们都说有灵魂，所以在极苦之中，却别有安慰快乐的所在。墨子苦是专讲道德责任，不拿利害计较来感动人，也还罢了。他却又不然，专说的是利害问题。利害和苦乐有密切关系，此本易明之理。他的非乐主义，已经要人把肉体的快乐，牺牲净尽，问有什么别的快乐来替代呢？却没有。顶多说我"所行合义，心安理得"，算是一种安慰。如此归到极端的良心责任说吗？他却又不以为然。墨子本是一位精于论理学的人，讲到天志，却缺漏百出，所论证多半陷于"循环论理"。我想都是因"天志论"自身，本难成立。墨子要勉强拿来应用，未必不是他失败的一个原因哩。

"天志"之外，还加上"明鬼"，越发赘疣了。墨子的明鬼论，不外借来帮助社会道德的制裁力。他说："吏治官府之不洁廉，男女之为无别者，鬼神见之，民之为淫暴寇乱盗贼……夺人车马衣裘以自利者，有鬼神见之。"（《明鬼下》篇）墨子明鬼的宗旨，握要处就在此。所以他引证许多鬼的故事，讲的都是报仇作祟，叫人害怕。至于鬼有无的问题，他并不在学理上求答案，乃在极粗浅的经验论求答案，实在没有什么价值。

墨子这种宗教思想，纯是太古的遗物，想是从"史角"传来的。在他这种干燥生活里头，若并此而无之，自然更不能维系人心。但这种思想，对于他的学说的后援力，其实也很薄弱，徒然奖励"非理智的迷信"，我们不能不为墨子可惜了。

墨子的宗教思想，有一个附属主义，曰"非命"。这个主义，直捣儒道两家的中坚，于社会最为有益。"命"是儒家根本主义之一，儒说之可议处，莫过此点。我国几千年的社会，实在被这种"命定主义"阻却无限的进化。墨子大声疾呼排斥它，直是思想界一线曙光。主张有命的，《列子·力命》最为明了，今先引来参证：

> 力谓命曰："若之功奚若我哉？"命曰："汝奚功于物而欲比朕"。力曰："寿夭穷达贵贱贫富，我力之所能也"。命曰："彭祖之智，不出尧舜之上，而寿八百。颜渊之才，不出众人之下，而寿四八。仲尼之德，不出诸侯之下，而困于陈蔡。殷纣之行，不出三仁之上，而居君位。季札无爵于吴，田恒专有齐国，夷、齐饿于首阳，季氏富于展禽，若是汝力之所能，奈何寿彼而夭此，穷圣而达逆，贱贤而贵愚，贫善而富恶耶？"力曰："若如是言，我固无功于物而物若此耶？此则若之所制耶？"命曰："既谓之命，奈何有制之者耶？朕直而推之，曲而任之，自寿、自夭、自穷、自达、自贵、自贱、自富、自贫，朕岂能识之哉？"

"力"与"命"确是两件对待的东西，有命说和力行说，确不能相容。像列子这种主张，人人都是生下地来，已经命定，还要做什么事呢？所以墨子痛驳他。说道：

> 今也王公大人之所以早朝晏退，听狱治政，终朝均分，而不敢怠倦者，何也？曰：彼以为强（强犹勤也）必治，不强必乱；强必宁，不强必危，故不敢怠

倦。今也卿大夫之所以竭股肱之力，殚其思虑之知，内治官府，外敛关市、山林、泽梁之利，以实官府而不敢怠倦者，何也？曰：彼以为强必贵，不强必贱。强必荣，不强必辱，故不敢怠倦。今也农夫之所以蚤出暮入，强乎耕稼树艺，多聚叔粟而不敢怠倦者，何也？曰：彼以为强必富，不强必贫，强必饱，不强必饥，故不敢怠倦。今也妇人之所以夙兴夜寐，强乎纺绩织纴，多治麻丝葛绪，捆布緣而不敢怠倦者，何也？曰：彼以为强必富，不强必贫，强必暖，不强必寒，故不敢怠倦。今虽毋在乎王公大人，藉若信有命而致行之，则必怠乎听狱治政矣，卿大夫必怠乎治官府矣，农夫必怠乎耕稼树艺矣，妇人必怠乎纺绩织纴矣。王公大人怠乎听狱治政，卿大夫怠乎治官府，则我以为天下必乱矣。农夫怠乎耕稼树艺，妇人怠乎纺绩织纴，则我以为天下衣食之财将必不足矣。（《非命下》篇）

墨子所以反对定命说的原因，在此。要而论之，定命说若成立，人类便没有了自由意志，那么，连道德标准都没有了。人类便没有了自动力，那么，连什么创造都没有了。那么，人类社会便是死的，不是活的；便是退化的，不是进化的。所以墨子"非命"，是把死社会救活转来的学说。我旧著《墨学微》里头，有一段话引申墨义，附录以供参考：

命之果有果无之一问题，墨子答案，壁垒未坚。今请演其言外之旨。物竞天择一语，今世稍有新智识者，类能言之矣。曰优胜劣败，曰适者生存。此其事似属于自然，谓为命之范围可也。虽然，若何而自勉为优者适者，以求免于劣败淘汰之数；此则纯在力之范围，于命丝毫无与者也。夫沙漠地之动物，其始非必皆黄色也；而黄者存，不黄者灭。冰地之动物，其始非必皆白色也；而白者存，不白者灭。自余若乌贼之吐墨，虎之为斑纹，树虫之作枝叶形，诸同此例者，不可枚举。其一存一灭之间，似有命焉。及其究竟，则何以彼能黄而我独不黄，彼能白而我独不白，彼能吐墨为斑纹为枝叶形而独我不能？是亦力有未至也。

推言之，则一人在本团体中或适或不适，一团体在世界中或适或不适，皆若此而已。故明夫天演公例者，必不肯弃自力于不用而惟命之从也。

难者曰：生物学家之言物竞也，谓物类死亡之数，必远过于所存。且如一草之种子，散播于地者以万数，使皆悉存，则不转瞬而将为万草，乃其结局，不得一二焉，何也？则其落地之时刻有先后，所落之地段有旱湿腴瘠，若是者不谓之命得乎？应之曰：斯固然矣。虽然，使两种子同在一时同落一地，其一荣一悴之间，必非力无以自达矣。

　　然犹未足以服难者之说。吾以为力与命对待者也。凡有可以用力之处，必不容命之存立。命也者，仅偷息于力以外之闲地而已。故有命之说，可以行于自然界之物，而不可以行于灵觉界之物。今之持有命无命之争辩者，皆人也。灵觉界最高之动物也。故此名词，决非我同类之所得用也。夫彼草种之或飘茵或堕溷也，彼其本身当时，无自主力之可言也。故命之一语可以骄横恣睢以支配之。一入于灵觉界，有丝毫之自主力得以展布者，则此君遂消灭而无复隙地之可容。

　　难者之说，不足以助其成立明矣。若夫彭寿而颜天也，跖富而惠贫也，田恒贵而孔子贱也。持有命论者，以是为不可磨灭之论据，其实非也。盖一由于社会全体之力未尽其用，而偏枯遂及于个人者；一由不正之力之滥用，而社会失其常度者。且如颜子之天也，或其少年治学，不免太劬；或为贫困所迫，未尽养生之道。其果坐此等原因以致之否，吾辈今日，无从论断。若果有之，则力未尽，非命之为，藉曰无矣。颜子之对于己身之责任，其力已无不尽矣。则其所以至此之故，必由其父母遗传之有缺点也。否则幼时于养育之道尽善也，否则地理上人事上有与彼不相协也；是则由社会全体之力有未尽使然也。且使医学大明，缮生之思想与其方法大发达，则颜子断不至有羸弱之遗传，断不至有失宜之养育；而地理上人事上有何种障碍，皆可以排而去之。颜子或竟跻上寿，未可知也。

不观统计学家所言乎？十七世纪欧洲人，平均得寿仅十三岁。十八世纪，平均得寿二十岁。十九世纪，乃骤增至平均寿三十六岁。然则寿夭者，必非命之所制，而为力之所制，昭昭明甚矣。

若乃贫富贵贱，则因其社会全体之力，或用之正，或用之不正，而平不平生焉。夫力也者，物竞界中所最必要者也。而在矫揉造作之社会，或生而为贵族，或生而为平民。当吾投胎之时，诚有如草种之偶菌偶涸，及既出生后，而遂不能自拔，此世俗论者之所谓命也。虽然，曾亦思此等制度，果能以人力破除之耶？抑终不能以人力破除之耶？且使盎格鲁撒逊人，至今而犹为维廉第一以前（十六世纪前）之状态也，则的士黎里①断不敢望为大宰相，林肯断不敢望为大总统，则亦曰命也命也而已，而何以今竟若此。故知夫力也者，最后之战胜者也。子墨子曰："命者暴王作之。"（《非命上》篇）至言哉，至言哉。

吾以为命说之所从起，必自专制政体矫诬物竞

---

① 即迪斯雷利，19世纪英国政治家，两度出任英国首相。

雍室物竞始矣。就其最浅者论之，如科举制度之一事，取彼尽人所能为而优劣程度万不能相悬绝之八股试帖楷法策论，而限额若干名以取之。以此为全国选举之专途，其势不能不等于探筹儿戏，应举者虽有圣智，无可以用其力之余地也。而一升一沉之间，求其故而不得。夫安得不仰天太息曰命也！命也！而已？

　　吾中国数千年来社会之制度，殆无一不类是。故使国民彷徨迷惑，有力而不能自用。然后信风水信鬼神信气运信术数种种谬想，乃蟠踞于人人之脑际，日积日深，而不能自拔。贫富贵贱有命之说，其最初之根源，皆起于是。

　　然此果足为有命说之根据乎？一旦以力破此制度，则皮不存而毛焉附矣。其他如丧乱也，偏灾也，疠疫也，皆咸诿诸命而无异词者也。岂知立宪政体定，则丧乱何从生？交通事业成，则偏灾何从起？卫生预防密，则疠疫何从行？故以今日文明国国民视之，则如中国所谓有命之种种证据，已迎刃而解，无复片痕只迹可以存立。而况乎今日所谓文明者，其与完全圆满之文明，相去尚不可以道里计也。然则世运愈进，而有命说愈狼狈失据，岂待问矣？墨子"非命"，真千古之雄识哉！

墨子的人格①

　　我们研究墨子，不但是研究他的学说，最要紧是研究他的人格。论学说呢？虽然很有价值，但毛病却也不少。论到人格，墨子真算千古的大实行家，不唯在中国无人能比，求诸全世界也是少见。孟子说："奋乎百世之上，百世之下，闻者莫不兴起也，非圣人而能若是乎？"我们读这位大圣人的书，总要有"闻而兴起"的精神，总算不辜负哩。

　　墨子是一位"知行合一"的人，以为：知而不行，便连知都算不得了。他说：

　　　　今瞽曰："钜者白也（俞樾云"巨"当作"岂"，"岂"者"皑"之假借字），黔者黑也。"虽明目者无以易之。兼白黑，使瞽取焉，不能知也。故我曰瞽不知白黑者，非以其名也，以其取也。今天下之君子之名仁也，虽禹、汤无以易之。兼仁与不仁，而使天下之君子取焉，不能知

---

① 本文节选自梁启超《墨子学案》。

也。故我日天下之君子不知仁者，非以其名也，亦以其取也。（《贵义》篇）

口头几句仁义道德的话，谁不会说？却是所行所为，完全不是这么一回事。墨子最恨这一类人。他曾骂告子，说："今子口言之而身不行，是子之身乱也。"（《公孟》篇）墨子自己却不然，他信一种主义，他就要实行。试把他的事迹来逐件证明。

墨子主张人类享用当以维持生命所必要之最低限度为界。他便照此实行，他衣食住的标准是"堂高三尺，土阶三等，茅茨不翦，采橡不刮；食土簋，啜土刑，粝粱之食，藜藿之羹；夏日葛衣，冬日鹿裘；其送死，桐棺三寸，举音不尽其哀"（《史记·太史公自序》）。他曾上书给楚惠王，惠王说："书是好极了，我虽不能依着做，却敬重你的为人，把书社的地方封你罢。"墨子说："道不行不受其赏，义不听不处其朝。"（《贵义》篇）掉头不顾去了。墨子有一次派他的门生公尚过去游说越王，越王很高兴，告诉公尚过说："你能请墨子来越，我把五百里地封他。"于是派了五十辆车去迎墨子。墨子问公尚过："子观越王能听吾言用吾道乎？"公尚过说："殆未能也。"墨子说："不惟越王不知翟之意，虽子亦不知翟之意。意越王将听吾言用吾道，则翟将往，量腹而食，度身而衣，自比于宾萌，奚能以封为哉？抑越不听吾言，不用吾道，而吾往焉，则是我以义粜也，钧之粜，亦于中国耳，何必于越哉？"
（《墨子·鲁问》《吕氏春秋·高义》）读此可见过度
的享用，墨子是断断不肯的。

　　墨子是主张劳作神圣的人，他便照此实行。他说：
"'昔者禹之湮洪水、决江河而通四夷九州也，名山
三百，支川三千，小者无数。禹亲自操橐耜而九杂天下
之川，腓无胈，胫无毛，沐甚雨，栉疾风，置万国。禹
大圣也，而形劳天下也如此'。使后世之墨者……日夜
不休，以自苦为极。曰：'不能如此，非禹之道也。不
足谓墨。'"（《庄子·天下》）读此可知：吃苦是学
墨第一个条件，有一点偷安偷懒，墨子便不认他做门
生。

　　墨子效法大禹的"形劳天下"，自然是最重筋肉劳
动。便对于脑力劳动，也并不轻视。他说："必量其力
所能至而从事焉。"（《公孟》篇）又说："譬若筑墙
然，能筑者筑，能实壤者实壤，能欣者欣，然后墙成
也。为义犹是也。能谈辩者谈辩，能说书者说书，能从
事者从事，然后义事成也。"（《耕柱》篇）有一位吴
虑，因为墨子爱发议论，不以为然，说道："义耳义
耳，焉用言之哉？"墨子说："籍设天下不知耕，教人
耕与不教人耕而独耕者，其功孰多？"吴虑说："教人
耕者其功多。"墨子说："天下少知义，而教天下以义
者功亦多，何故弗言也？"（《鲁问》篇）可见就是不

能做"形劳"事业的人，只要能吃得苦替社会服务，就不悖墨子之教了。

墨子主张非攻，并不是空口讲白话。听见有人要攻国，他便要去阻止那攻的救护那被攻的。有一段最有名的故事，各书都有记载。如下：

公输般为楚造云梯之械，成，将以攻宋。子墨子闻之，起于鲁，行十日十夜而至于郢，见公输般。公输般曰："夫子何命焉为？"子墨子曰："北方有侮臣者，愿藉子杀之。"公输般不说。子墨子曰："请献十金。"公输般曰："吾义固不杀人。"子墨子起，再拜曰："请说之。吾从北方闻子为梯，将以攻宋。宋何罪之有？荆国有余于地，而不足于民，杀所不足而争所有余，不可谓智。宋无罪而攻之，不可谓仁。知而不争，不可谓忠。争而不得，不可谓强。义不杀少而杀众，不可谓知类。"公输般服。子墨子曰："然胡不已乎？"公输般曰："不可，吾既已言之王矣。"子墨子曰："胡不见我于王？"公输般曰："诺。"子墨子见王，曰："今有人于此，舍其文轩，邻有敝舆而欲窃之。舍其锦绣，邻有短褐而欲窃之。舍其粱肉，邻有糠糟而欲窃之。此为何若人？"王曰："必为有窃疾矣。"子墨子曰："荆之地方五千里，宋之地方五百里，此犹文轩之与敝舆也。荆有云梦，犀兕麋鹿满之，江汉之鱼鳖鼋鼍为天下富，宋所为无雉兔鲋鱼者也，此犹梁肉之与糠糟也。荆有长松、文梓、楩楠、豫章，宋无长木，此犹锦绣之与短褐也。臣以王吏之攻宋也，为与此同类。”王曰：“善哉！虽然，公输般为我为云梯，必取宋。”于是见公输般。子墨子解带为城，以牒为械，公输般九设攻城之机变，子墨子九距之。公输般之攻械尽，子墨子之守圉有余。公输般诎而曰：“吾知所以距子矣，吾不言。”子墨子亦曰：“吾知子之所以距我者，吾不言。”楚王问其故，子墨子曰：“公输子之意，不过欲杀臣。杀臣，宋莫能守，可攻也。然臣之弟子禽滑釐等三百人，已持臣守圉之器，在宋城上而待楚寇矣。虽杀臣，不能绝也。”楚王曰：“善哉！吾请无攻宋矣。”（《墨子·公输》《战国策·宋策》《吕氏春秋·爱类》《淮南子·修务训》）

这一段故事，把墨子深厚的同情、弥满的精力、坚强的意志、活泼的机变，丰富的技能，都表现出来。细读可以见实行家的面目。此外当时事迹可考见的：如齐欲攻鲁，墨子见项子牛及齐王，说而罢之。楚欲攻郑，墨子见楚国的执政鲁阳文君，说而罢之。《诗经》说：“凡民有丧，匍匐救之。”墨子真当得起这两句话了。因为墨子有这种精神和技能，所以各国贪暴之君，不能不敬服他畏惧他几分。当时的战争，因墨子反对而停止的，很不少哩。

墨子既专以牺牲精神立教，所以把个"死"字看成家常茶饭。"鲁人有因子墨子而学其子者，其子战而死，其父让子墨子。子墨子曰：'子欲学子之子，今学成矣，战而死而子愠，是犹欲粜，粜售则愠也。'"（《鲁问》篇）所以《淮南子》说："墨子服役者百八十人，皆可使赴火蹈刃死不还踵。"陆贾《新语》说："墨子之门多勇士。"我们从古书中可以得几件故事来证明：

墨者巨子孟胜，善荆之阳城君。阳城君令守于国，毁璜以为符。约曰：符合听之。荆王薨，群臣攻吴起，兵于丧所，阳城君与焉。荆罪之，阳城君走，荆收其国。孟胜曰："受人之国，与之有符。今不见符，而力不能禁，不能死，不可。"其弟子徐弱谏孟胜曰："死而有益阳城君，死之可矣。无益也，而绝墨者于世，不可。"孟胜曰："不然。吾于阳城君也，非师则友也，非友则臣也。不死，自今以来，求严师必不于墨者矣；求贤友必不于墨者矣；求良臣必不于墨者矣。死之，所以行墨者之义而继其业者也。我将属巨子于宋之田襄子。田襄子，贤者也；何患墨者之绝世也。"徐弱曰："若夫子之言，弱请先死以除路。"还，殁头前于孟胜。因使二人传巨子于田襄子。孟胜死，弟子死之者百八十三人。二人以致令于田襄子，欲反死孟胜于荆。田襄子止之曰："孟子已传巨子于我矣。"不听，遂反死之。墨者以为不听巨子。（《吕氏春秋·上德》）墨者有巨子腹䵍，居秦；其子杀人。秦惠王曰："先生之年长矣，非有它子也；寡人已令吏弗诛矣。先生之以此听寡人也。"腹䵍对曰："墨者之法曰：'杀人者死，伤人者刑。'此所以禁杀伤人也。……王虽为之赐而令吏弗诛，腹䵍不可不行墨子之法。"（《吕氏春秋·去私》）

观以上两事，可以见得当时墨教的信徒，怎样的以身作则，怎样地为教牺牲自己。不是受墨子伟大人格的感化，安能如此。这种精神，真算得人类向上的元气了。

讲到这里，我们顺带着把"巨子制度"研究一回，也很有趣味。《庄子·天下》说："以巨子为圣人，皆愿为之尸，冀得为其后世。"巨子地位的尊严，可以想见。现在巨子姓名可考见的，只有孟胜、田襄子、腹䵍三人。巨子很像天主教的教皇，大约并时不能有两人，所以一位死了，传给别位。但教皇是前皇死后，新皇由教会公举。巨子却是前任指定后任，有点像禅宗的传衣钵了。又据孟胜事的末句，有"墨者以为不听巨子"一语，像是当时孟胜那两位传命弟子应否回去死事，成了墨家教会里一个问题。想墨教的规条，凡墨者都要听巨子的号令（所谓"上同而不敢下比"）。所以新巨子田襄子要叫那二人不死，就说"我现在是巨子了，你们要听我话"。那二人不听，所以当时有些墨者不以为然。即此可见墨学是一种有组织有统制的社会，和别的学派不同。倒是罗马人推行景教，有许多地方与之不谋而合，真算怪事。

就坚苦实行这方面看来，墨子真是极像基督。若有人把他钉十字架，他一定含笑不悔。但我们中国人的中庸性格，断不肯学罗马人的极端；所以当时墨教推行，并没有什么阻力，因此也惹不出什么大反拨。当时墨者的气象所以能如此其好，大半是受墨子人格的感化；他门下的人物，比孔门强多了；所以能成为一时的"显学"。直至秦汉之间，任侠之风还大盛，都是墨教的影响。可惜汉以后完全衰灭了。

墨子的门派[①]

《吕氏春秋》云："孔墨之弟子徒属充满天下。"（《有度》篇）今孔子弟子，因《史记》有专传，其名传于后者甚多。墨子弟子，世几莫能举其名。孙诒让云："彼勤生薄死以赴天下之急，而姓名渐灭与草木同尽者，殆不知凡几。呜呼！悕矣！"诒让著《墨子传授考》，集《墨子》及先秦诸子所纪，凡得墨子弟子十五人，再传弟子三人，三传弟子一人；治墨术而不详其传授系次者十三人，杂家四人。其扶微阐幽之志，洵足多也。

虽然，自墨子卒后以迄战国之末，其受墨学影响而卓然成为大师者犹大有人在。

第一，宋钘。

《荀子·非十二子》以墨翟宋钘并称，则钘与翟同一学系甚明。钘即孟子书中之宋，或又即《庄子·逍遥游》之宋荣子；其学说概略，见于《庄子·天下》《荀子·正论》。孟子尊称之为"先生"，荀子称之

———————

① 本文节选自梁启超《墨子学案》。

为"子宋子"，又言其"聚人徒立师学"（俱见《正论》篇），知必为当时一大师矣。《天下》篇称其主张"人我之养毕足而止"，与墨子经济学说之根本观念正同；又称其"见侮不辱，救民之斗，禁攻寝兵，救世之战"。亦纯是墨家宗旨。孟子记其说秦楚罢兵，谓"我将言其不利"正合墨家实利主义。《天下》篇又言彼"以为无益于天下者，明之不如己也"，更是极端的实利主义口吻。《正论》篇述其言，谓"知见侮之为不辱，则不斗矣"，此纯是托尔斯泰之"无抵抗主义"，视墨子之非攻而主张自卫者，又进一层矣。

第二，尹文。

《庄子·天下》以宋钘尹文并称，宋钘既属墨系，则尹文当亦然。《公孙龙子·迹府》《吕氏春秋·正名》，皆述尹文论"见侮不辱"之义，益可证文与钘确为同派。彼"作为华山之冠"表上下平，亦近墨子之平等主义。但今本《尹文子》二篇，对于儒墨并有诋，其论皆名家法家言，是殆从墨学一转手者。

第三，许行。

许行学说，仅见《孟子》。其并耕主义，盖受墨子经济思想之影响。"其徒数十人，皆衣褐，捆屦织席以为食"，亦宗墨子之"以自苦为极"。

第四，惠施。

第五，公孙龙。

第六，魏牟。

惠施、公孙龙，皆所谓名家者流也，而其学实出于墨。《庄子·天下》云墨者"俱诵《墨经》，而倍谲不同，相谓别墨；以坚白同异之辩相訾，以觭偶不仵之辞相应。"《墨经》言名学过半，而施、龙辩辞，亦多与经出入。《天下》篇举惠施推论十事，而归宿于"泛爱万物，天地一体"；公孙龙亦尝劝燕昭王偃兵，可见两家皆宗墨学。胡适谓《天下》篇所谓"别墨"即施、龙一派，可谓特识。其详具见适所著书，不备引。

《荀子·非十二子》首举它嚣、魏牟二人学说，今皆失传。然据《列子·仲尼》魏牟为公孙龙辩获七事，则牟盖龙之信徒；然则牟亦可入"别墨"矣。

先秦书多儒、墨对举，汉人亦以儒、侠对举；《史记》所谓"儒以文乱法而侠以武犯禁"是也。墨氏之教："损己而益所为"（去声）"为身之所恶以成人之所急。"《淮南子》谓："墨子服役者百八十人，皆可使赴火蹈刃，死不还踵。"《新语》谓："墨子之门多勇士。"然则战国末年以逮汉初，其游侠传中人物，皆谓之"别墨"可也。

今综合以上所论述，拟为墨学派别表如下：

墨学 {
　(一) 正统派 {
　　(甲) 直系　禽滑釐、孟胜等
　　(乙) 著述家　胡非、随巢等
　　(丙) 部分实行家　宋钘等
}
　(二) 别派 {
　　(丁) 法家　尹文等
　　(戊) 名家　惠施、公孙龙等
　　(己) 无政府主义　许行
　　(庚) 游侠家
}

第七讲

管子

管子的事迹①

　　管子，名夷吾，字仲，或曰字敬仲。后其君尊之为仲父，故后世皆以仲称之。颍上人。《史记》及《管子》咸不详其家世，今无考焉（张守节《史记正义》引韦昭云："夷吾，姬姓之后，管严之子敬仲也"。不知何据）。《史记》称其自述之言曰：

　　　　吾始困时，尝与鲍叔贾。分财利多自与，鲍叔不以我为贪，知我贫也；吾尝为鲍叔谋事而更穷困，鲍叔不以我为愚，知时有利有不利也；吾尝三仕三见逐于君，鲍叔不以我为不肖，知我不遭时也；吾尝三战三走，鲍叔不以我为怯，知我有老母也；公子纠败，召忽死之，吾幽囚受辱，鲍叔不以我为无耻，知我不羞小节而耻功名不显于天下也。生我者父母，知我者鲍子也！

　　由此观之，则管子实起于微贱，非齐贵族。而其少

_____

① 本文节选自梁启超《管子传》，收入《中国六大政治家》第一编，广智书局1910年版。

年之历史，实以失败挫辱充塞之。而卒能为国史上第一流人物，岂非《孟子》所谓"天将降大任于是人也……必先动心忍性，增益其所不能"者也？

齐国者，管子之舞台也。故欲知管子，必先知齐国。《史记》本传称：以区区之齐在海滨，通货积财，富国强兵。夫以吾侪读《春秋》，习见夫管子以后之齐，诚泱泱乎大国也，然不知其前此实区区海滨一弹丸已耳！太公之初封，为方百里，而介于徐、莱诸夷之间。《史记·齐太公世家》云：

> 武王……封师尚父于齐营邱，东就国。……莱侯来伐，与之争营邱。营邱边莱，莱人夷也。会纣之乱，而周初定，未能集远方，是以与太公争国。太公至国修政，因其俗，简其礼，通商工之业，便鱼盐之利，而人民多归齐。

然则齐之始建国，所谓戎狄之与邻而远于王室。其崎岖缔造之艰，可以想见。以通工商便鱼盐为政策，虽作始于太公，然新造伊始，立法未备，收效未丰。观莱夷当齐桓时，其跋扈而为齐患也犹昔，则前此齐之声威加于四邻者，殆仅矣！自太公卒，十三传而至襄公，实为桓公小白之兄。凡三百余年间，齐之内乱无已时。（事具《史记·齐世家》，不备引）更无暇竞于外。逮襄公时，而蜩螗沸羹逾甚。齐之不绝，盖如缕耳。《管子·大匡》记其事（《左传》略同）云：

僖公之母弟夷仲年生公孙无知，有宠于僖公，衣服礼秩如適。僖公卒，以诸儿长得为君，是为襄公。襄公立后绌无知，无知怒。公令连称、管至父戍葵丘，曰："瓜时而往，及瓜时而来"。期戍，公问不至，请代不许，故二人因公孙无知以作乱。鲁桓公夫人文姜，齐女也。公将如齐……会齐侯于泺，文姜通于齐侯，桓公闻，责文姜。文姜告齐侯，齐侯怒，飨公，使公子彭生乘鲁侯胁之，公薨于车。……齐人为杀彭生以谢于鲁。五月，襄公田于贝丘，见豕彘。从者曰："公子彭生也。"公怒曰："公子彭生安敢见？"射之。豕人立而啼，公惧，坠于车下，伤足，亡屦。反，诛屦于徒人费，不得也，鞭之，见血。费走而出，遇贼于门，胁而束之，费袒而示之背。贼信之，使费先入，伏公而出，斗死于门中。石之纷如死于阶下……遂杀公而立公孙无知也。鲍叔牙奉公子小白奔莒，管夷吾、召忽奉公子纠奔鲁。九年，公孙无知虐于雍廪，雍廪杀无知也。

呜呼！时势造英雄，岂不然哉！天之为一世产大人物，往往产之于最腐败之时代，最危乱之国土！盖非是则不足以磨炼其人格，而发表其光芒也。当是时也，齐国之去亡仅一发，虽然，非是安足以见管子。

管子之丰功伟业，虽成于相桓公以后，而实滥觞于傅子纠之时。《大匡》篇复记其事云：

> 齐僖公生公子诸见、公子纠、公子小白。使鲍叔傅小白，鲍叔辞，称疾不出。管仲与召忽往见之曰："何故不出？"鲍叔曰："先人有言曰，知子莫若父，知臣莫若君。今君知臣不肖也，是以使贱臣傅小白也。贱臣知弃矣。"……管仲曰："不可。持社稷宗庙者，不让事，不广间，将有国者未可知也。子其出乎？"召忽曰："不可。吾三人者之于齐国也，譬之犹鼎之有足也。去一焉则必不立矣。吾观小白必不为后矣。"管仲曰："不然。夫国人憎恶纠之母以及纠之身，而怜小白之无母也。诸儿长而贱，事未可知也。夫所以定齐国者，非此二公子将无已也。小白之为人，无小智惕而有大虑，非夷吾莫容小白，天不幸降祸加殃于齐，纠虽得立，事将不济，非子定社稷其将谁也？"……鲍叔曰："然则奈何？"管子曰："子出奉令则可。"鲍叔许诺，乃出奉令。

是为管子初入政界之始，管、鲍二豪后此相提携以霸齐国。此际乃先分携而立于敌地，齐之必将有内乱，三子者皆知之；内乱必起于诸公子，三子者皆知之。至其以至锐之眼光，至敏之手腕，能先事以解决此问题，则非绝大政治家不能也。此管子所以贤于鲍、召也。

管子的时代①

孟子曰："读其书不知其人可乎？是以论其世也。"可谓至言。故欲品评一人物者，必当深察其所生之时，所处之地，相其舞台所凭藉，然后其剧技之优劣高下，可得而拟议也。故新史家之为传记者，必断断谨是。吾亦将以此法观察管子。

第一，管子之时，中央集权之制度未巩固也。中国中央集权之进化，黄帝时为第一级，夏禹时为第二级，周公时为第三级，前此皆酋长政治。天子与诸侯，各君其国，各子其民，故曰元后，曰群后。其去平等者几希耳。周兴，声威渐广，集权渐固，得以土地分封宗亲功臣。虽然，帝者之权，犹不能出邦畿千里之外。故古书动言朝诸侯有天下。所谓有天下与否，即以诸侯之朝不朝为断耳。东迁以后，周既失天下（古书皆言周亡于幽厉。《诗》曰："赫赫宗周，褒姒灭之。"《孟子》曰："三代之失天下也以不仁。"诸如此类，不可枚

①　本文节选自梁启超《管子传》。

举。综观先秦诸书，未有认东迁以后之周天子为有主权者。后人习于孔子，特倡之大义，不察情实耳）。于是中央之权，益无所属。管子者，正起于此时代，而欲用其祖国（齐），使为天下共主者也。故当知管子为齐国之管子，而非周天下之管子。

第二，管子之时，君权未确立也。其时不徒国与国之间无最高之统属而已，即一国之中，主权亦甚薄弱。贵族与君主中分势力，诸国皆然，不独一齐也。观管子执政以后，犹云分国为三乡：一曰公之乡，二曰高子之乡，三曰国子之乡。可知高、国等贵族实与公中分齐国也。凡政治进化之例，必须由贵族柄政时代进入君主独裁时代，然后国家机关乃渐完，管子实当其冲者也。

第三，管子之时，中国种族之争甚剧烈也。我中国民族同为黄帝子孙，虽然，自四千年前，迁徙移植，分宅于江河流域各地。其时交通未便，声气窒塞，久之遂忘其本来。故大族之中分出若干小族，互相争阅，殆如希腊之德利安、渥奇安、埃阿尼安、伊阿里安①等诸族，日夜相竞也。自今视之固为可笑，然以当时生存竞争之大势，固亦有不容已者。而管子则当其竞争初剧之盘涡也。

第四，管子之时，中国民业未大兴也。世界之进

---

① 即多利安、亚该亚、爱奥尼亚、伊奥利亚。

化，由渔猎时代进为畜牧时代，再进为农业时代，终进为工商时代。国民文明之程度即以是为差。中国当春秋战国间，而畜牧时代与农业时代始递嬗焉。观宣王中兴，《诗》惟颂其兽畜蕃息，卫文再造，民惟歌其騋牝三千，是其例也。诸如此类，不可枚举。盖其时问人之富，则唯数畜以对。虽有耕稼，而其业犹未大盛，若工商则更无论矣。管子者，实处此两时代之交点，而为之转捩者也。

知此四者，斯可与论管子矣。

管子的著述[1]

《管子》一书，后儒多谓战国时人依托之言，非管子自作。虽然，若《牧民》《山高》《乘马》《轻重》《九府》，则史公固称焉，谓其著书世多有之，是固未尝以为伪也[2]（《管子》书中有记管子卒后事者，且有《管子解》若干篇，其非尽出管子手撰，无可疑者。度其中十之六七为原文，十之三四为后人增益。此则《墨子》亦有然，不独《管子》矣）。且即非自作，而自彼卒后，齐国遵其政者数百年（亦见《史记》本传）。然则虽当时稷下先生所讨论所记载，其亦必衍《管子》绪论已耳。吾今故据《管子》以传管子，以今日之人之眼光观察管子，以世界之人之眼光观察管子，爱国之士或有取焉。

---

① 本文节选自梁启超《管子传》。

② 编者按：《管子》一书，司马迁、刘向以为管仲所作。南宋以来质疑甚多。梁氏本人对此问题前后看法迥异，清季时尚认为此书未尝为伪，二十年代时已认为此书属伪书。近代以来多数学者认为此书主体部分为战国时稷下黄老派为服务变法，托名管仲事迹编撰而成，其中虽可能有部分篇目成书于春秋晚期，但难以用于观察管仲本人思想。本文写于1909年，梁氏此时倾向对《管子》一书及管仲其人不做区分。此后梁氏本人对此观点亦有所调整。

管子的学说①

法治之必要

《管子》论国家之起源，以为必有法然后国家乃得成立。其言曰：

> 古者未有君臣上下之别，未有夫妇妃匹之合，兽处群居，以力相征。于是智者诈愚，强者凌弱，老幼孤弱不得其所。故智者假众力以禁强虐而暴人止，为民兴利除害，正民之德，而民师之。……上下设，民生体，而国都立矣！是故国之所以为国者，民体以为国；君之所以为君者，赏罚以为君。（《君臣下》篇）

> 民者……被治然后正，得所安然后静者也。夫盗贼不胜，邪乱不止，强劫弱，众暴寡，此天下之所忧，万民之所患也。忧患不除，则民不安其居；民不安其居，则民望绝于上矣。（《正世》篇）

---

① 本文节选自梁启超《管子传》。

此皆言民之所以乐有国者。以无国则人人各率其野蛮之自由，无所限制，唯以争夺相杀为事，无一日焉能安其居。故国家之建设，实应乎人民最急之要求。而思所以副此要求，使人民永脱于忧患之域者，则国家之职也。此其言与泰西硕儒霍布士①所说多相暗合。霍氏之言曰：

> 国家未建以前，无所谓正不正，无所谓善恶。夫今日吾侪所谓正而善者，谓葆吾固有之权利而践吾当行之义务也。其所谓不正而恶者，谓放弃吾当行之义务而侵人固有之权利也。虽然，国家未建以前，无权利义务之可言。盖人之情愿生而恶死，好乐而惮苦，此受之于天者也，故人人咸有趋生避死、舍苦就乐之权利。凡一切外物，苟可以赡吾生而资吾乐者，皆得而取之，此实万人平等之权利也。夫既已万人同一权利，则亦无一人有权利焉矣。甲曰此物当属于我也，乙亦曰此物当属于我也。人人威力相同，其对于外物之权利相同，而同一物也，同时各欲得之，则非战斗之结果，终莫能决此物之究当谁属也。当此时也，无所谓正不正，无所谓善恶，唯以勇力与诈谋为唯一之道德。虽然，此现象不可以久也。彼其所以日相战斗者，凡

_____

① 即英国政治家霍布斯。

以为趋生而避死，舍苦而就乐耳。然长此蜩螗沸羹，则生日与死邻，而乐不偿所苦。人人有鉴于此，于是胥谋给契约以建国。国建而法制生，于是人人之权利，各有所限不能相侵。于是正不正之名词，始出焉矣。

此其论国家之所以成立，最为博深切明。人民之所以赖有国家者，全在于此。而管子之言，则正与之吻合者也。

管子既言国家之目的在为民兴利除害，而何以能达此目的，则所恃者法也。故其言曰：

法者，民之父母也。（《法法》篇）

法者，天下之至道也，圣君之实用也……法者，上之所以一民使下也。（《任法》篇）

夫不法，法则治（房玄龄《注》云：言不法者，必以法正之，故治）。法者，天下之仪也，所以决疑而明是非也，百姓所悬命也。（《禁藏》篇）

不明于法而欲治民一众，犹左书而右息之。（《七法》篇）

故有国之君，苟不能同人心，一国威，齐士义，通上之治，以为下法，则虽有广地众民，犹不能以为安也。（《法禁》篇）

虽有巧目利手，不如拙规矩之正方圆也。故巧

者能生规矩，不能废规矩而正方圆。虽圣人能生法，不能废法而治国。（《法法》篇）

以法治国，则举错而已，是故有法度之制者，不可巧以诈伪；有权衡之称者，不可欺以轻重；有寻丈之数者，不可差以长短。（《明法》篇）

所举者，皆管子极言法之于治国如此其急也。而其指归则凡以正定人民之权利义务，使国家之秩序得以成立而已。故其释法律令三者之作用曰："法者，所以兴功惧暴也；律者，所以定分止争也；令者，所以令人知事也。"（《七主七臣》篇）而法律何以能兴功惧暴、定分止争？则管子又申言之曰：

凡人之情，得所欲则乐，逢所恶则忧，此贵贱之所同有也。近之不能勿欲，远之不能勿忘，人情皆然。而好恶不同，各行所欲而安危异焉，然后贤不肖之形见也。夫物有多寡，而情不能等；事有成败，而意不能同；行有进退，而力不能两也。故立身于中，养有节……故意定而不营气情，气情不营则耳目谷，衣食足，耳目谷，衣食足则侵争不生，怨怒无有，上下相亲，兵刃不用矣。（《禁藏》篇）

荀子曰："人生而有欲，欲而不得则不能无求，求而无度量分界则不能不争，争则乱。"（《礼论》篇）慎子曰："一兔走，百人追之；积兔于市，过而不顾；非不欲兔，分定不可争也。"（今本阙，据马氏《意林》引）此其义皆足与管子相发明。分也者，即今世法家所谓权利也。创设权利，必借法律，故曰定分止争也。民之所以乐有国而赖有法者，皆在此而已。

凡此皆泛论法之作用也。然国家既成之后，有国者不可不以法治精神行之。则管子犹有说焉。曰：

> 欲为其国者，必重用其民……无以畜之则往而不可止也，无以牧之则处而不可使也。远人至而不去，则有以畜之也；民众而可一，则有以牧之也。见其可也，喜之有征；见其不可也，恶之有刑。赏罚信于其所见，虽其所不见，其敢为之乎？见其可也，喜之无征；见其不可也，恶之无刑。赏罚不信于其所见，而求其所不见之为之化，不可得也。厚爱利，足以亲之；明智礼，足以教之；上身服以先之，审度量以闲之，乡置师以说道之；然后申之以宪令，劝之以庆赏，振之以刑罚，故百姓皆说为善，而暴乱之行无由至矣！（《权修》篇）

> 故形势不得为非，则奸邪之人愆愿；禁罚威严，则简慢之人整齐。……是故明君在上位，刑省罚寡。非可刑而不刑，非可罪而不罪也。明君者，闭其门，塞其途，奔其迹，使民毋由接于淫非之地，是以民之道正行善也若性然，故罪罚寡而民以治矣。（《八观》篇）

> 治莫贵于得齐。制民急则民迫，民迫则窘，窘

则民失其所葆；缓则纵，纵则淫，淫则行私，行私则离公，离公则难用。故治之所以不立者，齐不得也。齐不得，则治难行。故治民之齐，不可不察也。（《正世》篇）

吾读此而叹管子之学识，诚卓越千古而莫能及矣！泰西学者之言政术，率分两派：其一则主张放任者，其一则主张干涉者。主张放任者，谓一切宜听民之自为谋，以国家而为民谋，所谓代大匠斫必伤其手也；主张干涉者，谓假使民各自为谋而能止于至善，则复何赖乎有国家？民之所以乐有国家者，正以幸福之一大部分，各自谋焉而决不能得，故赖国家以代谋之。国家一切放任，则是自荒其职也。且国家者非徒为人民个人谋利益而已，又当为国家自身谋利益，故以固国家之生存发达为第一义，而图人民个人之幸福次之。苟个人之幸福而与国家之生存发达不相容，则毋宁牺牲个人以裨益国家。何也？国家毁则个人且无所丽，而其幸福更无论也！是故放任论者，以国民主义为其基础者也，干涉论者以国家主义为其基础者也。放任论盛于十八世纪末与十九世纪初，干涉论则近数十年始浡兴焉。行放任论以致治者，英国与美国也；行干涉论以致治者，德国与日本也。斯二说者，皆持之有故，言之成理，不容以相非。然以今后大势之所趋，则干涉论必占最后之全胜，盖无疑矣！彼近日盛行之社会主义，又干涉论之最极端者也！大抵人民自治习惯已成之国，可以用放任；人民自治习惯未成之国，必须干涉。对外竞争不烈之国，可以放任；对外竞争极烈之国，必须干涉。此其大较也。我国之言政者，大别为儒墨道法四家。道家则纯主放任者也，儒墨则亦畸于放任者也；其纯主干涉者，则法家而已。而历观数千年来，其有政绩可传法于后者，则未有舍干涉而能为功者也。此无他故焉，管子所谓"治莫贵于得齐"，非有以牧之，则民不一而不可使。齐也，一也，国家所以维持发达之最要条件也。苟放任之而能致焉，则放任容或可为；放任之而不能致焉，则干涉其安得已也？试观我国今日政治之现象与社会之情态，纪纲荡然，百事丛脞；苟且偷惰，习焉成风；举国上下，颓然以暮气充塞之。而国势堕于冥冥驯致不可收拾者，何莫非放任主义滋之毒也。故管子之言，实治国之不二法门，而施之中国尤药之瞑眩而可以瘳疾者也！

然则用法家之干涉主义，而所谓齐者一者遂能必收其效乎？管子则以为必能，其言曰："夫法之制民也，犹陶之于埴，冶之于金也，故审利害之所在。民之去就，如火之于燥湿，水之于高下。"（《禁藏》篇）又曰："昔者尧之治天下也，犹埴之在埏也，唯陶之所以为；犹金之在炉，恣冶之所以铸。其民引之而来，推之而往；使之而成，禁之而止；故尧之治也，善明法禁之令而已矣！"（《任法》篇）此其言果信而有征乎？

曰：吾试征诸近世勃兴之德国。彼德国者，当三十年前，欲举其民皆为优于兵战之民，而其民果为优于兵战之民矣！近三十年来，欲举其民皆为优于商战之民，而其民果又优于商战之民矣！夫民则犹是民也，何以前此茶然见制于法者？一旦而为欧洲大陆第一雄武之国；前此工艺品皆仰给于英者，一旦而反为全世界所仰给也。是故苟有大政治家在上，能善其干涉之术，则其于民也，刓之使圆，砺之使方。唯其所欲，无不如意。管子所谓如埴之从陶，金之从冶者，洵不诬也！而非以法家之道行之，势固不可得致。夫以一国处万国竞争之涡中，而欲长保其位置，毋俾陨越。且继长增高以求雄长于其侪，则必当先使其民之智德力，常与时势相应，而适于供国家之所需。国家欲左则左之，欲右则右之。全国民若一军队然，令旗之所指，则全军向之。夫如是乃能有功也。而欲致此，则舍法治奚以哉？

管子又言曰："为国者反民性，然后可以与民戚；民欲佚而教以劳，民欲生而教以死。劳教定而国富，死教定而威行。"（《侈靡》篇。按：房《注》谓威行者行于外国也）又曰："夫至用民者，杀之，危之，劳之，饥之，渴之，用民者将致之此极也，而民毋可与虑害己者。明王在上，道法行于国，民皆舍所好而行所恶。"（《法法》篇）夫《管子》全书之宗旨，在顺民心为民兴利除害；而此文云云者，非以民为刍狗也；亦非与平昔所持之宗旨相矛盾也。盖为国家之生存发达起见，往往不得不牺牲人民一部分之利益；而其牺牲人民一部分之利益，实亦间接以增进人民全体之利益而已。治国家者，苟不能使人民忻然愿牺牲其一部分之利益而无所怨，则其去致治之道远矣！法治之效，则在是而已矣！

管子既言法治之必要，而所以举法治之实，则尤在法立而必施，令出而必行。其言曰：

> 君道不明，则受令者疑；权度不一，则修义者惑。民有疑惑贰豫之心，而上不能匡，则百姓之与间，犹揭表而令之止也。（《君臣上》篇）

> 令入而不出谓之蔽，令出而不入谓之壅，令出而不行谓之牵，令入而不至谓之瑕。牵瑕蔽壅之事君者，非敢杜其门而守其户也，为令之有所不行也。

> （又）凡大国之君尊，小国之君卑。大国之君所以尊者何也？曰为之用者众也。小国之君所以卑者何也？曰为之用者寡也。然则为之用者众则尊，为之用者寡则卑，则人主安能不欲民之众为己用也？使民众为己用，奈何？曰：法立令行则民之用者众矣，法不立令不行则民之用者寡矣。故法之所立令之所行者多而所废者寡，则民不诽议。民不诽议则听从矣。法之所立令之所行与其所废者钧，则国毋常经。国毋常经则民妄行矣！法之所立令之所

行者寡而所废者多，则民不听，民不听则暴人起而奸邪作矣！（《法法》篇）

吾向者论主权之强弱与国家之强弱成比例，管子此言，盖先我言之矣！今夫有一千万人之国，而无一人不服从国家之命令，则为其国家之所有者一千万人也。有一万万人之国，而服从国家之命令者仅十之一，则其国家所有者，亦仅一千万人也已耳！浸假而服从国家之命令者仅百之一，则其国家所有者，虽号称一万万人，实乃一百万人已耳。夫以一百万人之国与一千万人之国竞，蔑不败矣！故以大国挫屈于小国者，历史上数见不鲜。昧者或骇为怪现象焉，而不知考其实际，彼小者乃实大，而大者乃实小也。三百年前，前明之所以屈于本朝，是其例矣。二十年前，中国之所以屈于日本，又其例矣。夫所谓服从国家命令十之一百之一者，非必其余之人悍然以抗命令云也。或阳奉阴违而国家莫能纠察焉；或朝令暮改而人民莫知适从焉；或行法之二三违其七八，而吏熟视无睹焉；凡此皆足以坠国家之威信而亵其主权。威信坠，主权亵，则后此之法令，愈失其效力矣！是故虽有亿兆之众，而无百千人之用。夫以区区五千万人之日本，而咄嗟之间，可以出能战之兵数十万。司农所入，一岁可至八万万，有事且能倍之。以堂堂五万万人之中国，而此两者皆不逮彼十之一，岂非以彼则法无不立，令无不行，我则法之所立令之所行者寡，而所废者多耶？夫比年以来，我国亦法令如牛毛矣！然曾无所谓法治精神者以贯注之，是以有法等于无法也。管子又曰："国大而政小者，国从其政；国小而政大者，国益大。"（《霸言》篇）夫政之大小以何为标准？亦曰法之立不立，令之行不行而已矣。而天下古今之国家，其得失之林，尽于是矣！故管子之为教也，曰："亏令者死，益令者死，不行令者死，留令者死，不从令者死。五者死而无赦，惟令是视。"（《重令》篇）非好为深刻之言也，以为非是则法治之目的不能达也。故又申言其理由曰："明王……见必然之政，立必胜之罚，故民知所必就，而知所必去。推则往，召则来。如坠重于高，如渎水于地，故法不烦而吏不劳。民无犯禁，故百姓无怨于上。"（《七臣七主》篇）又曰："以有刑至无刑者，其法易而民全；以无刑至有刑者，其刑烦而奸多。夫先易而后难，先难而后易，万物尽然。明王知其然，故必诛而不赦，必赏而不迁者，非喜予而乐其杀也，所以为人致利除害也。"（《禁藏》篇）是故法治者，以秋肃之貌，而行其春温之心。斯则管子之志也。

法治与君主

论者曰："今世立宪国之言法治，凡以限制君权；

而管子之言法治，乃务增益君权。此未得为法治之真精神也。"应之曰："是诚有之，然不足为管子病也。一国之中而有两独立机关以相维系（独立机关者，谓非由他机关之委任而自能成立也。专制君主国只有一独立机关，即君主是也。立宪君主国则有两独立机关，其一为君主，其他则国会也）。此乃近世所发明，岂可以责诸古代？夫当代议制度未兴以前，非重君主之威权不足以致治，此事理之至易见者也。况管子时，乘古代贵族专政之旧，政出多门，而主权无所统一，其害国家之进步莫甚焉。昔在欧洲封建时代，亦尝以此为患。而能以君主压服贵族者，则其国日以兴。贵族专横而无所制者，则其国日以亡。然则得失之林，既可睹矣！管子之独张君权，非张之以压制人民，实张之以压制贵族也。"

虽然，管子之法治主义，又非有所私于君主也。管子之所谓法，非谓君主所立以限制其臣民，实国家所立，而君主与臣民同受其限制者也。故曰："君臣上下贵贱皆从法，此谓为大治。"（《任法》篇）又曰："明君……置法以自治，立仪以自正也……行法修制，先民服也。"（房《注》云："服，行也，先自行法以率人"）又曰："禁胜于身（房《注》云："身从禁也"），则令行于民矣。"又曰："不为君欲变其令，令尊于君。"（俱《法法》篇）凡此皆谓君主当受限制于法，然后法治之本原立也。

管子曰："地之生财有时，民之用力有倦，而人君之欲无穷。以有时与有倦养无穷之君，而度量不生于其间，则上下相疾也。"（《权修》篇）夫所谓度量者何？则法而已矣！由此观之，则法之所以限制君权者可见矣！

管子既极言法之期于必行，而谓法之有不行，其首梗之者必君主也。故曰："凡私之所起，必生于主。"（《七臣七主》篇）又曰："有道之君善明设法，而不以私防者也。而无道之君既已设法，则舍法而行私者也。为人上者释法而行私，则为人臣者援私以为公。"（《君臣上》篇）又曰："为人君者倍道弃法而好行私，谓之乱。"（《君臣下》篇）由此观之，则管子之所谓法者，乃国家所立以限制君主，而非君主所立以限制臣民，其义益明。

管子重言曰："圣君任法而不任智……然后身佚而天下治。"（《任法》篇）又曰："使法择人不自举也，使法量功不自度也。"又曰："先王之治国也，不淫意于法之外，不为惠于法之内也。动无非法者，所以禁过而外私也。"（俱《明法》篇）又曰："不知亲疏、远近、贵贱、美恶，以度量断之，其杀戮人者不怨也，其赏赐人者不德也。以法制行之，如天地之无私也。是以官无私论，士无私议，民无私说，皆虚其匈以听于上。上以公正论，以法制断，故任天下而不重也。

今乱君则不然，有私视也，故有不见也；有私听也，故有不闻也；有私虑也，故有不知也。夫私者，壅蔽失位之道也。上舍公法而听私说，故群臣百姓，皆设私立方以教于国，群党比周以立其私，请谒任举以乱公法，人用其心以幸于上，上无度量以禁之。是以私说日益，而公法日损，国之不治从此产矣！”（《任法》篇）统观《管子》全书，其于人主公私之辨，一篇之中三致意焉。所谓公者何？从法而已矣！所谓私者何？废法而已矣！以君主而废法者，管子所悬为厉禁；犹之以君主而违宪者，立宪国所悬为厉禁也。商君之言法，不过曰法行自贵近始，而犹未及于君主；而管子则必致谨于是焉，此所以为法家之正宗也。

虽然，管子仅言君主之当奉法而不可废法，然果由何道？能使君主必奉法而勿废，管子未之及也。其言曰：“有为枉法，有为毁令，此圣君之所以自禁也。”（《任法》篇）如斯而已。夫立于无人能禁之地，而唯恃其自禁，则禁之所行者仅矣。此管子之法治所以美犹有憾也。虽然，当代议会制度未发明以前，则舍君主自禁外，更有何术以维持法制于不敝者？此岂足独为管子病也？即在今世立宪国，其君主固以违宪为大戒，然使其君主而有意必欲违宪，固亦未始不可矣。其所以不违者，鉴于利害安危之途而有所惮也。夫管子亦欲使人主鉴于利害安危之途而有所惮焉尔，是故不足为管子病也。

法治与人民

无论何种之国家，必以人民为统治之客体。故法治之效力，其所及者则人民也。管子以齐其民一其民为治国之首务，故必以法部勒之。其所持之理由，既如前述。然昧者犹或以刍狗其民为疑。此于政治之原理，有所未莹也。管子屡言："不为爱民亏其法，法爱于民。"（《七法》《法法》篇）夫立法凡所以保民也，而谓爱民不如其爱法者何也？盖爱民者莫如使之辑和于内而竞胜于外。辑和于内，则民无攘夺相杀之恐，得以安其居乐其业，而生事日以丰矣。竞胜于外，则民之所凭藉以自保自养者，不致为人所蹂躏而有百世之安矣！此两者，国家之所当常务也。管子乃言曰："计上之所以爱民者，为用之爱之也。为爱民之故，不难毁法亏令，则是失所谓爱民矣。……故善用民者轩冕不下拟，而斧钺不上因，如是则贤者劝而暴人止。贤者劝而暴人止，则功名立其后矣。蹈白刃受矢石入水火以听上令，上令尽行，禁尽止。引而使之，民不敢转其力；推而战之，民不敢爱其死。不敢转其力然后有功，不敢爱其死然后无敌。进无敌，退有功，是以三军之众皆得保其首领；父母妻子，完安于内。故民未尝可与虑始，而可与乐成功。"（《法法》篇）此言可谓知本矣。盖爱民之效，莫急于使其父母妻子得完安于内，而欲其完安，则非进无敌退有功焉不可也。欲其有功而无敌，非民皆为用焉不可也。欲民皆为用，非法必立令必行焉不可也。故曰法者民之父母也。夫孰知杀之危之劳之苦之饥之渴之之正以行其爱也？管子又言曰："天不为一物枉其时，明君圣人亦不为一人枉其法。天行其所行而万物被其利，圣人亦行其所行而百姓被其利。"（《白心》篇）夫法治之目的，凡以使百姓被其利而已。

是故管子之教，法令不立则已，立则期以必行而无所假借。"令一布而不听者存"（《八观》篇），管子以为是取亡之道也。"令出虽自上，而论可与不可者在下"（《重令》篇），又管子所不许也。管子胪列圣王所禁者数十事（《法禁》篇），有一于此，罚所必及也。而有罪而赦，又管子所最不取也。其言曰："凡赦者小利而大害者也，故久而不胜其祸；毋赦者小害而大利者也，故久而不胜其福。"（《法法》篇）"明必死之路，开必得之门。"（《牧民》篇）"有过不赦，有善不遗。"（《法法》篇）此管子最要之训条，而法治之精神，亦尽于是矣！

夫管子所以断断谨是者，非好为操切也，凡以示信于人民而已。故曰："信之谓圣。"（《四时》篇）又曰："赏罚莫若必成，使民信之。"（《禁藏》篇）又曰："令未布而民或为之而赏从之，则是上妄予也……令未布而罚及之，则是上妄诛也……令已布而赏不从，则是使民不劝勉……令已布而罚不及，则是教民不听……号令必著明，赏罚必信密，此正民之经也。"（《法法》篇）夫国家而不能得信用于其民，则统治权将不可复施，此管子所为兢兢也。

虽然，管子者，非滥用国家之威权而以压制人民为事者也。故其言曰：

> 君有三欲于民，三欲不节则上位危。三欲者何也？一曰求，二曰禁，三曰令。求必欲得，禁必欲止，令必欲行。求多者其得寡，禁多者其止寡，令多者其行寡。求而不得则威日损，禁而不止则刑罚侮，令而不行则下陵上。故未有能多求而多得者也，未有能多禁而多止者也，未有能多令而多行者也。故曰：上苛则下不听，下不听而强以刑罚，则为人上者众谋矣。为人上而众谋之，虽欲毋危，不可得也。号令已出又易之，礼义已行又止之，度量已制又迁之，刑法已错又移之，如是，则庆赏虽重，民不劝也；杀戮虽繁，民不畏也。故曰：上无固植，下有疑心；国无常经，民力必竭。（《法法》篇）

由此观之，则管子之不肯滥用法权，可以见矣。古人有言：轻诺者必寡信。夫唯期于必信者，故不得不于诺之始焉慎之也。管子之法，期以必行，故法权愈不得而滥用也。故政策未定而孟浪设施，以致终不能举综核之实者，法家所大禁也。呜呼！可以鉴矣。

　　管子之政术，虽主干涉而不主放任，然必于其可干涉者而始干涉之，非苟焉已也。故发令之权虽操诸君主，而立法之业必揆诸人民。其言曰："民必得其所欲，然后听上，听上然后政可善为也。"（《五辅》篇）又曰："政之所兴，在顺民心；政之所废，在逆民心。民恶忧劳，我佚乐之；民恶贫贱，我富贵之；民恶危坠，我存安之；民恶灭绝，我生育之。能佚乐之则民为之忧劳，能富贵之则民为之贫贱，能存安之则民为之危坠，能生育之则民为之灭绝。"（《牧民》篇）夫管子所以能行干涉政略而有效者，皆恃此道也。既以顺民心使民得所欲为目的，而欲达此目的，其道何由？管子之论道也，曰："以天下之目视则无不见也，以天下之耳听则无不闻也，以天下之心虑则无不知也。"（《九守》篇）其论政曰："先王善牧之于民者也，夫民别而听之则愚，合而听之则圣。虽有汤武之德，复合于市人之言，是以明君顺人心安情性，而发于众心之所聚，是以令出而不稽，刑设而不用。先王善与民为一体，与民为一体，则是以国守国，以民守民也。"（《君臣上》篇）呜呼！吾读此而信孔子之以"如其仁如其仁"誉管子，为不虚矣！如《君臣》篇所言，则今世立宪政治之大义所从出也。人民个人之意志，必须服从于国家之意志；而国家之意志，则舍人民全体之意志无由见也。此国会政治所由成立也。夫人民同是人民也，何以一旦聚诸国会而以神圣视之也？以人民者，别而听之虽愚，合而听之则圣也。能合民而听之，则与民为一体之实，真克举矣。国会之为物，虽未能产于管子之时代乎，然其精神则固已具矣！

抑管子之所设施，尤有与今世之国会极相近者。《桓公问》篇云：

> 桓公问管子曰："吾念有而勿失得而勿亡，为之有道乎？"对曰："勿创勿作，时至而随，毋以私好恶害公正，察民所恶以自为戒。黄帝立明台之议者，上观于贤也；尧有衢室之问者，下听于人也；舜有告善之旌，而主不蔽也；禹立谏鼓于朝，而备讯唉；汤有总街之庭，以观人诽也……此古圣帝明王所以有而勿失得而勿亡者也。"桓公曰："吾欲效而为之，其名云何？"对曰："名曰啧室之议。"

啧室之议者，人民监督政府之一机关也。此机关在当时果曾设立与否，今不可考。其内容组织若何，今更不可考。而要之管子深明此义而曾倡此论，则彰彰矣。

人民之监督政府，管子所认为神圣而不可侵犯者也。其言曰："丹青在山，民知而取之；美珠在渊，民知而取之；是以我有过为，而民毋过命，民之观也察矣，不可遁逃……我有善则立誉我，我有过则立毁我。当民之毁誉也，则莫归问于家矣，故先王畏民。"

（《小称》篇）"桓公曰：'我欲胜民，为之奈何？'管子对曰：'此非人君之言也。胜民为易，夫胜民之为道，非天下之大道也……使民畏公而不见亲，祸亟及于身，虽能不久。'"（《小问》篇）由此观之，则管子之所以尊民权者，可见矣！

由前之说，则是立法之事业与民共之也；由后之说，则是行政之责任唯民监之也。夫今世所谓立宪政治者，其重要之精神具于是矣！后世不察，徒以其主张严刑峻法之故，而指其言为司空城旦书，与李斯之《督责论》同类而并笑之。是得为知管子矣乎？

难者曰："据吾子所称引，管子既以法峻治其民，丝毫不肯假借；而又敬畏其民，谓为神圣不可侵犯。此二义者得无相冲突乎？"应之曰："不然。其所峻治者，人民之个人也；其所敬畏者，人民之全体也。夫人民之在国家也，常具两种资格：一曰为国家分子之资格，谓相结集以组成国家也；二曰为国家机关之资格，谓从法律所规定而构成国家之一种机关也（如任国会议员及选举国会议员皆是）。当其为国家分子也，则受统治权之支配者也；当其为国家之机关也，则执行统治权之一部者也。唯其受统治权之支配也，故奉法而不容假借；唯其行统治权之一部也，故神圣而不可侵犯。夫今世之立宪国，则孰不神圣其民者？抑又曷尝以神圣之故，而谓奉法可以假借也？夫管子之法治精神，亦若是则已耳！而何冲突之与有？"

立法

慎子曰："法虽不善，犹愈于无法。"（西人亦有此言，法学家常称道之）此慰情胜无之论也。若语于圆满之法治主义，决不能以是即安也。《管子·法法》曰："不法法则事毋常（房《注》：不设法以法下，故事无常）法不法则令不行。（房《注》：虽复设法，不得法之宜，故令不行）。令而不行，则令不法也；法而不行，则修令者不审也。"故管子之言法治主义，以得良法为究竟者也。

然则欲得良法，其道何由？管子曰："根天地之气，寒暑之和，水土之性，人民鸟兽草木之生物虽不甚多，皆均有焉，而未尝变也，谓之则……不明于则而欲出号令，犹立朝夕于运均之上，檐竿而欲定其末。"（房《注》：均，陶者之轮也。立朝夕所以正东西也。今均既运则东西不可准也。檐，举也。夫欲定末者必先静其本，今既举竿之本则其末不定也）此管子对于法之根本观念也。则者何？即西儒所谓自然法又称性法者是也。孟德斯鸠曰："靡异不一，靡变不恒。"又曰："物无论灵否，必先有其所以存。有其所以存，斯有其所以存之法。"（俱见《法意》卷一）此言自然法之性质也。吾中国古籍于此义最多所发明。《诗》曰："有物有则。"孟子释之曰："有物必有则，谓其则存于物之中也。"《诗》又曰："不识不知，顺帝之则。"《易·文言》曰："乾元用九，乃见天则。"《系辞》传又曰："天垂象，圣人则之。"《春秋左氏传》曰："民受天地之中以生，所谓命也。是以有动作礼义威仪之则，以定命也。"凡以明此义也，吾国先哲谓自然法为万法之本，凡立法者不可不根据之，故《系辞》传又云："是故明于天之道而察于民之故，是兴神物，以前民用……一阖一辟谓之变，往来不穷谓之通。见乃谓之象，形乃谓之器，制而用之谓之法。"管子所谓必明于则然后能出号令，即此意也。管子又曰："事督乎法，法出乎权，权出乎道。"（《心术上》篇）此之谓也。

管子又曰："凡物载名而来，圣人因而财之，（按：财同裁）而天下治实不伤。"（《心术下》篇）又曰："修名而督实，按实而定名；名实相生，反相为情。名实当则治，不当则乱；名生于实，实生于德，德生于理，理生于智，智生于当。"（《九守》篇）名实者，即法之所由起也，而综核名实，即法治之精神具矣。

管子之言立法，贵画一而重简易，故曰："法不一，则有国者不祥。"（《任法》篇）又曰："数出重法而不克其罪，则奸不为止。"（《七臣七主》篇）管子之言立法，贵适时而贱保守，故曰："民不道法则不祥，国更立法以典民则祥。故曰：法者不可恒也。"
（《任法》篇）又曰："古之所谓明君者，非一君也，
其设赏有薄有厚，其立禁有轻有重。迹行不必同，非故
相反也。皆随时而变，因俗而动。"管子之言立法，以
偏至为大戒，故曰："骤令不行，民心乃外……举所美
必观其所终，废所恶必计其所穷。"（《版法》篇）管
子之言立法最重平等，而不容有阶级之分，故曰："禁
不胜于亲贵……而求令之必行，不可得也。"（《重
令》篇）管子之言立法，贵与人民程度相应，故曰：
"智者知之，愚者不知，不可以教民；巧者能之，拙者
不能，不可以教民。非一令而民服之也，不可以为大
善；非夫人能之也，不可以为大功。"（《乘马》篇）
凡此皆管子立法之条件也。

法治与政府

凡法治国，莫贵乎有责任大臣。盖君主之责任，非
臣下所能纠问。纠问之，则君主之威严损失。然以行政
之首长，而无人焉敢纠问其责任，则国之危莫甚焉。故
必委权于大臣，使之代负责任。此所以维持法治精神于
不敝之道也，而管子则固已知之。故其言曰："道德出
于君，制令传于相……主画之，相守之。"（《君臣
上》篇）又曰："大夫比官中之事，不言其外。而相为

常具以给之（房《注》：具论众官之法制也）。相总要者（房《注》：相无常官，所以总统百吏之要）……君南面而受要，是以上有余日而官胜其任……唯此上有法制，下有分职也。"（同上）又曰："君者执本，相执要，大夫执法，以牧其群臣。"（《君臣下》篇）此与今世立宪国内阁之制正相合。相者总理大臣，大夫则各部大臣也，群臣则下此之百司也。

管子又极言相权之必当尊重。其言曰："故其立相也，陈功而加之以德，论劳而昭之以法，参伍相德而周举之，尊势而明信之。"（《君臣下》篇）又曰："慎使能而善听信之，使能之谓明，听信之谓圣。"（《四时》篇）又曰："朝有疑相之臣，此国乱也。"（《君臣下》篇）此皆言相权之不可不尊，盖必权尊然后责任乃可得而负也。

管子既论相权之尊，又论君主之不可以下侵其权。其言曰："心不为九窍，九窍治；君不为五官，五官治。"（《九守》篇）又曰："以上及下之事谓之矫。"（房《注》：及犹预也）又曰："为人君者，下及官中之事，则有司不任。"（俱《君臣上》篇）夫欲大臣之负责任，其道必自君主无责任始。管子所谓有司不任，其深明此义矣。

慎子《民杂》篇云：

　　君臣之道，臣有事而君无事也，君逸乐而臣任劳，臣尽智力以善其事，而君无与焉，仰成而已。事无不治，治之正道然也。人君自任而务为善以先下，则是代下负任蒙劳也，臣反逸矣。故曰：君人者好为善以先下，则下不敢与君争善以先君矣。皆称所知以自覆掩，有过则臣反责君，逆乱之道也。君之智未必最贤于众也，以未最贤而欲善尽被下，则下不赡矣。若君之智最贤，以一君而尽赡下则劳，劳则有倦，倦则衰，衰则复返于人，不赡之道也。是以人君自任而躬事，则臣不事事也！是君臣易位也，谓之倒逆，倒逆则乱矣。

此言君无责任而臣负责任之理，最为深切，足与管子相发明。而管子言立相以总其要，此尤通于治体者也。夫中国今日百政之不举，岂非以君主代下负任蒙劳，而有司不任，反与有以自掩覆耶？忠于谋国者岂必远求，率吾先民之教以行之，而治具固已毕张矣！

法治之目的

后之论史者，率以管子与商君同视。虽然，管子与商君之政术，其形式虽若相同，其精神则全相反。管子贤于商君远矣！商君徒治标而不治本者也，管子则治本而兼治标者也！商君舍富国强兵无余事，管子则于富国强兵之外，尤有一大目的存焉！其法治主义，凡以达此目的而已！

其目的奈何？管子之言曰："国多财则远者来，地辟举则民留处，仓廪实则知礼节，衣食足则知荣辱，上服度则六亲固……四维不张，国乃灭亡。何谓四维？一曰礼，二曰义，三曰廉，四曰耻。"（《牧民》篇）此四者，管子所最兢兢也。商君去六虱（六虱，谓《诗》《书》、《礼》《乐》、修善孝弟、诚信贞廉、仁义、非兵羞战，见《商君书·靳令》），而管子谨四维，以此知管子贤于商君远矣！

管子之种种设施，其究皆归于化民成俗。盖民为国本，未有民俗窳败而国能与立者。管子计之最审也，故《权修》篇曰：

> 凡牧民者，使士无邪行，女无淫事。士无邪行，教也；女无淫事，训也。教训成俗而刑罚省，数也。凡牧民者，欲民之正也；欲民之正，则微邪不可不禁也。微邪者，大邪之所生也。微邪不禁，而求大邪之无伤国，不可得也。……欲民之有礼，则小礼不可不谨也。……欲民之有义，则小义不可不行也。……欲民之有廉，则小廉不可不修也。……欲民之有耻，则小耻不可不饰也。……民之修小礼、行小义、饰小廉、谨小耻、禁微邪，治之本也。

由此观之，则管子政术之根本，从可识矣。管子盖有一理想的至善美之民俗，日悬于其心目中，而以为欲使此理想现于实际，非厉行法治，其道无由。孔子曰："道之以政，齐之以刑，民免而无耻；道之以德，齐之以礼，有耻且格。"此言法治之不如礼治也。管子则曰："所谓仁义礼乐者，皆出于法。"（《任法》篇）此言夫非法治则礼治且无所施也。此两者果孰合于真理，请平心而论之。《韩非子》曰：

> 夫圣人之治国，不恃人之为吾善也，而用其不得为非也。恃人之为吾善也，境内不什数，用人不得为非，一国可使齐……夫必恃自直之箭，百世无矢；恃自圆之木，千世无轮矣！自直之箭自圆之木，百世无有一，然而世皆乘车射禽者何也？隐括之道用也！虽有不恃隐括，而有自直之箭，自圆之木，良工弗贵也。何则？乘者非一人，射者非一发也。不恃赏罚而恃自善之民，明主弗贵也。何则？国法不可失，而所治非一人也。（《显学》篇）

> 今有不才之子，父母怒之弗为改，乡人谯之弗为动，师长教之弗为变。夫以父母之爱，乡人之行，师长之智，三美加焉而终不动，其胫毛不改。州部之吏，操官兵，推公法，而求索奸人，然后恐惧，变其节易其行矣！故父母之爱，不足以教子，必待州部之严刑者。民固骄于爱听于威矣！（《五蠹》篇）

《尹文子》亦云：

> 今天地之间，不肖实众，仁贤实寡。趋利之情，不肖特厚；廉耻之情，仁贤偏多。今以礼义招仁贤，所得仁贤者万不一焉。以名利招不肖，所得不肖者触地是焉。故曰：礼义成君子，君子未必需礼义；名利治小人，小人不可无名利。（《大道上》篇）

《商君书》亦云：

> 夫不待法令绳墨而无不正者，千万之一也，故圣人以千万治天下。故夫知者然后能知之，不可以为法，民不尽知；贤者而后知之，不可以为法，民不尽贤。（《定分》篇）

凡此皆法家之说，与管子相发明者也。平心论之，使道以德齐以礼，而能使一国之民，尽化于德礼，岂非甚善？而无如德礼之力所能被者，唯在国中之士君子。而士君子则虽无以道之无以齐之而可以自淑者也，而此外一般之人民，则徒恃德礼之感化而必无效者也。今语人以德礼之当率循，其率循与否，唯视各人之道德责任心。若其道德责任心薄弱，视之蔑如者，则将奈何？一国中能有完全之道德责任心者，万不觏一，故徒恃德礼不足以坊之，明矣！故管子之为教也，曰："邪莫如蚤禁之。"（《法法》篇）曰："慎小事微，违非索辩以根之（房《注》：谓有违非必寻索分辩，得其根而止之也），则躁作奸邪伪诈之人不敢试也！"（《君臣下》篇）曰："闭其门，塞其涂，弇其迹，使民毋由接于淫非之地。"（《八观》篇）如是，则民之日进于德而日习于礼也，皆法治之效使然也。故曰："仁义礼乐，皆出于法也。"

然管子又非徒恃法而蔑视道德之感化力为无用也，其言曰："教训习俗者众，则君民化变而不自知也。"（《八观》篇）又曰："渐也，顺也，靡也，久也，服也，习也，谓之化……不明于化而欲变俗易教，犹朝揉轮而夕欲乘车。"（《七法》篇）又曰："明智礼足以教之，上身服以先之，审度量以闲之，乡置师以说道之，然后申之以宪令，劝之以庆赏，振之以刑罚，故百姓皆说为善，则暴乱之行无由至矣！"（《权修》篇）然则管子虽尊法治而不废礼治，彰彰然矣！夫使民皆说为善，此礼治之效也！使民无由接于淫非之地，而暴乱之行无由至，此法治之效也！

管子曰："国有经俗。"（《重令》篇。房《注》云：经，常也）又曰："百姓顺上而成俗，著久而为常。犯俗离教者，众共奸之，则为上者侠矣。"（《君臣上》篇）管子最大之目的，盖在于是。而求其所以致此之由，则曰："藏于官则为法，施于国则成俗。"（《法禁》篇）此法治之所以为急也。

管子曰："罪人不怨，善人不惊，曰刑。正之服之，胜之饰之，必严其令，而民则之，曰政。如四时之不贷，如星辰之不变，如宵如昼，如阴如阳，如日月之明，曰法。爱之生之，养之成之，利民不得，天下亲之，曰德。无德无怨，无好无恶，万物崇一，阴阳同度，曰道。"（《正》篇）又曰："期而致，使而往，百姓舍己，以上为心者，教之所期也。始于不足见，终于不可及，一人服之，万人从之，训之所期也。未之令而为，未之使而往，上不加勉，而民自尽竭，俗之所期也……为之而成，求之而得，上之所欲，小大必举，事之所期也。令则行，禁则止，宪之所及，俗之所被，如百体之从心，政之所期也。"（《七观》篇）法也，刑也，政也，事也，教也，训也，俗也，道也，德也，管子所认为一贯而不可相离者也。语至是，而法治主义洵圆满无遗憾矣！

附录

先秦诸子表①

	第一期	第二期	第三期	第四期
道家	老子 有五千言，今存。 关尹 有书九篇，已佚，今本伪。	杨朱 无书。 列御寇 有书八篇，疑伪。 老莱子 有书已佚，存疑。 黔娄子 有书已佚，存疑。	它嚣 无书。 魏公子牟 有书四篇，已佚。 彭蒙 无书。 田骈 亦作陈骈，有书二十五篇今佚。 慎到 有书四十二篇，今本不全。 庄周 有书五十二篇，今本三十三篇，有附益。	蜎渊 亦作环渊，有书十三篇，今佚。 捷子 亦作接子，有书二篇，今佚。 鹖冠子 有书一篇，已佚，今本伪。

① 本文节选自梁启超《老孔墨以后学派概观》。

续表

第一期	第二期	第三期	第四期
孔子	子夏 子游 子张 孔门分派，见《孟子》《荀子》。子张为入儒之一，见《韩非子》，子游为子思、孟轲所宗，见《荀子·非十二子》。 子弓 曾子 孔门分派，为荀卿所宗。 漆雕开 子思所出，有书十八篇，今散见《两戴记》中。 入儒之一，已佚。 宓子 名不齐，有书十六篇，已佚。	子思 孔子孙，曾子弟子，有书二十三篇，其一部分散见《两戴记》中。 景子 宓子弟子，有书三篇，已佚。 李克 子夏弟子，有书七篇，已佚。 世硕 七十子之弟子，有书二十一篇，已佚。 公孙尼子 七十子之弟子，有书二十八篇，已佚。 魏文侯 子夏弟子，有书六篇，已佚。 孟子 入儒之一，有书十一篇，七篇今本。	虞卿 已佚。 荀卿 入儒之一，有改窜。 有书十五篇， 有书三十三篇，今本， 鲁仲连 已佚。 徐子 有书十四篇。 有书四十一篇，已佚。 朱建 有书七篇，已佚。 董无心 有书一篇，难墨子，已佚。

儒家

续表

	第一期	第二期	第三期	第四期
儒家	孔子		乐正子春 颜氏 仲良氏 芈婴　皆入儒之一。 七十子后学者，有书十八篇，已佚。 告子　无书。	
墨家		墨子　有书七十一篇，今本五十三篇，有窜乱。	禽滑釐　墨子弟子，无书。 随巢子　墨子弟子，有书六篇，已佚。 宋钘　亦作宋钘、宋牼、宋荣子，有书十八篇，已佚。 胡非子　墨子弟子，有书三篇，已佚	田俅子　墨家，有书三篇，已佚。 我子　墨家，有书一篇，已佚。 相里勤　三墨之一。 相夫氏　三墨之一。 邓陵氏　南方墨者，三墨之一。 缠子　有书一卷，见《意林》。

续表

	第一期	第二期	第三期	第四期
名家	邓析 有书二篇，疑伪，今本亦非原书。		尹文子 有书一篇，今本二篇。 惠施 有书一篇，已佚。	公孙龙 有书十四篇，今本六篇。 毛公 有书九篇，已佚。 成公生 有书五篇，已佚。 黄公 有书四篇，已佚。
法家			李悝 有书三十二篇，已佚。 商鞅 有书二十九篇，依托。 申不害 有书六篇，已佚。 尸佼 有书二十篇，已佚，今有辑本。	处子 亦作剧子，有书九篇，已佚。 韩非子 有书五十五篇，今本偶窜乱。 游棣子 有书一篇，已佚。 桓团 亦作韩檀。

续表

	第一期	第二期	第三期	第四期
阴阳家				邹衍　有书四十九篇，又五十六篇，已佚。 邹奭　有书十二篇，已佚。 公孙发　有书二十二篇，已佚。 公梼生　有书十四篇，已佚。 闾丘快　有书十三篇，已佚。 冯促　有书十三篇，已佚。 将钜子　有书五篇，已佚。 乘丘子　有书五篇，已佚。 杜文公　有书五篇，已佚。 南公　有书三十一篇，已佚。

其他	第一期	第二期	第三期	第四期
	史鳍	计然 货殖家。 秦越人 医家，有《扁鹊内经》九卷，《外经》十二卷，疑佚，今传《难经》佚①。 货殖家。	吴起 兵家，有书八十一篇，今本十三篇题孙武著，疑误。 孙膑 兵家，有书八十九篇，已佚，今本佚。 白圭 货殖家。 陈仲子 许行 子莫 子华子 淳于髡 屈原 有赋二十五篇。 皇子 料子 仅见《尸子》中，时代无考。	长卢 呼子 吕不韦 有书二十六篇，非自著。相传为战

① 编者按：《难经》，原名《黄帝内经八十一难》，共八十一难，是对《黄帝内经》相关内容的补充与阐发。相传为战国时期秦越人所撰，目前认为该书成书于东汉。

表例

（一）上表所列，据《庄子·天下》、《荀子》之《非十二子》《正论》《解蔽》篇、《尸子·广泽》、《韩非子·显学》、《史记·孟子荀卿列传》、《汉书·艺文志》参以他书。

（二）从司马谈说，强分为道、儒、墨、名、法、阴阳六家，其实此种分类，并不正确。且各家所隶，亦多未安，为便学者检览，姑类列之耳，其无可隶者别为一栏附于后。

（三）年代无正确之考据，略以并时可考之人，比例推断，强分为四期，凡以便学者而已，勿太泥。